中国古代建筑知识普及与传承系列丛书

中国古典园林五书

江南私家园林

顾凯 著

清华大学出版社
北京

版权所有，侵权必究。侵权举报电话：010-62782989　13701121933

图书在版编目（CIP）数据

江南私家园林 / 顾凯著. --北京：清华大学出版社，2013（2020.6重印）
（中国古代建筑知识普及与传承系列丛书·中国古典园林五书）
ISBN 978-7-302-32784-4

Ⅰ. ①江… Ⅱ. ①顾… Ⅲ. ①古典园林—私家园林—介绍—华东地区　Ⅳ. ①K928.73

中国版本图书馆CIP数据核字（2013）第136227号

责任编辑：冯乐
装帧设计：北京博筑堂　胡柳　孙璐　栾雪
责任校对：王凤芝
责任印制：杨艳

出版发行：清华大学出版社
　　　　　网　　址：http://www.tup.com.cn，http://www.wqbook.com
　　　　　地　　址：北京清华大学学研大厦A座　　邮　编：100084
　　　　　社 总 机：010-62770175　　　　　　　　邮　购：010-62786544
　　　　　投稿与读者服务：010-62776969，c-service@tup.tsinghua.edu.cn
　　　　　质量反馈：010-62772015，zhiliang@tup.tsinghua.edu.cn
印 装 者：小森印刷（北京）有限公司
经　　销：全国新华书店
开　　本：170mm×230mm　　印　张：21.25　　字　数：301千字
版　　次：2013年7月第1版　　印　次：2020年6月第5次印刷
定　　价：99.00元

产品编号：053561-03

献给关注中国古代建筑文化的人们

策　划：华润雪花啤酒（中国）有限公司
　　　　清华大学建筑学院
统　筹：王　群　朱文一
主　持：王贵祥　曾申平
执　行：清华大学建筑学院
资　助：华润雪花啤酒（中国）有限公司

参赞：张远堂　陈迟　连博　张巍
　　　刘旭　阎东　李念　韩晓菲
　　　廖慧农　袁增梅　张弦

总序一

2008年年初，我们总算和清华大学完成了谈判，召开了一个小小的新闻发布会。面对一脸茫然的记者和不着边际的提问，我心里想，和清华大学的这项合作，真是很有必要。

在"大国"、"崛起"甚嚣尘上的背后，中国人不乏智慧、不乏决心、不乏激情，甚至不乏财力。但关键的是，我们缺少一点"独立性"，不论是我们的"产品"，还是我们的"思想"。没有"独立性"，就不会有"独特性"；没有"独特性"，连"识别"都无法建立。

我们最独特的东西，就是自己的文化了。学术界有一句话："建筑是一个民族文化的结晶。"梁思成先生说得稍客气一些："雄峙已数百年的古建筑，充沛艺术趣味的街市，为一民族文化之显著表现者。"当然我是在"断章取义"，把逗号改成了句号。这句话的结尾是："亦常在'改善'的旗帜之下完全牺牲。"

我们的初衷，是想为中国古建筑知识的普及做一点事情。通过专家给大众写书的方式，使中国古建筑知识得以普及和传承。当我们开始行动时，由我们自己的无知产生了两个惊奇：一是在这片天地里，有这么多的前辈和新秀在努力并富有成果地工作着；二是这个领域的研究经费是如此的窘迫，令我们瞠目结舌。

希望"中国古代建筑知识普及与传承系列丛书"的出版，能为中国古建筑知识的普及贡献一点力量；能让从事中国古建筑研究的前辈、新秀们的研究成果得到更多的宣扬；能为读者了解和认识中国古建筑提供一点工具；能为我们的"独立性"添砖加瓦。

王群

华润雪花啤酒（中国）有限公司　总经理
2009年1月1日于北京

总序二

2008年的一天，王贵祥教授告知有一项大合作正在谈判之中。华润雪花啤酒（中国）有限公司准备资助清华大学开展中国建筑研究与普及。资助总经费达1000万元之巨！这对于像中国传统建筑研究这样的纯理论领域而言，无异于天文数字。身为院长的我不敢怠慢，随即跟着王教授奔赴雪花总部，在公司的大会议室见到了王群总经理。他留给我的印象是慈眉善目，始终面带微笑。

从知道这项合作那天起，我就一直在琢磨一个问题：中国传统建筑还能与源自西方的啤酒产生关联？王总的微笑似乎给出了答案：建筑与啤酒之间似乎并无关联，但在雪花与清华联手之后，情况将会发生改变，中国传统建筑研究领域将会带有雪花啤酒深深的印记。

其后不久，签约仪式在清华大学隆重举行，我有机会再次见到王总。有一个场景令我记忆至今，王总在象征合作的揭幕牌上按下印章后，发现印上的墨色较浅，当即遗憾地一声叹息。我刹那间感悟到王总的性格。这是一位做事一丝不苟、追求完美的人。

对自己有严格要求的人，代表的是一个锐意进取的企业。这样一个企业，必然对合作者有同样严格的要求。而他的合作者也是这样的一个集体。清华大学建筑学院建筑历史研究所，这个不大的集体，其背后的积累却可以一直追溯到80年前，在爱国志士朱启钤先生资助下创办的"中国营造学社"。60年前，梁思成先生把这份事业带到清华，第一次系统地写出了中国人自己的建筑史。而今天，在王贵祥教授和他的年长或年轻的同事们，以及整个建筑史界的同仁们的辛勤耕耘下，中国传统建筑研究领域硕果累累。又一股强大的力量！强强联合一定能出精品！

王群总经理与王贵祥教授，企业家与建筑家十指紧扣，成就了一次企业与文化的成功联姻，一次企业与教育的无间合作。今天这次联手，一定能开创中国传统建筑研究与普及的新局面！

朱文一

清华大学建筑学院　院长
2009年1月22日凌晨于清华园

总序三

清华大学建筑学院与华润雪花啤酒（中国）有限公司在中国古代建筑传承与弘扬方面的合作，已经进行了五个年头。这五年来，一方面是华润雪花啤酒（中国）有限公司的大力支持与弘传；另一方面，是中国建筑史学人们于百忙之中的辛苦耕耘。五年中，先后出版了北京古建筑五书、中国民居五书、中国古代建筑装饰五书与中国古都五书，以及即将付梓的中国古典园林五书。

在中国古典园林五书即将付梓之际，作为作者之一的贾珺先生嘱我为此作一序，于是匆匆忙忙间浏览了一下各位先生的大作，大略了解了五书的概貌。虽是浏览，却也从中看出整套书在写作上的良苦用心。在一套并不很大的书系中，不仅要将上下五千年中国园林发展的历史梗概介绍给读者，还要覆盖不同历史时期的各种园林类型，诸如皇家苑囿、私家园林，其中也包括文人园、官宦园、商贾园，等等。同时，由于中国是一个地域广大的国家，各地的地理、气候、民俗、文化千变万化，除了经典的园林描述之外，对于不同地区各具特色的园林加以细致深入的分析，更是本书的特点之一。

此外，在这样一套书中，不仅要写出园林的时代特征、地域特征、艺术特征，还要深入浅出地论及组成园林的各种要素，包括建筑、叠山、林木、花草、湖池。所谓四季阴晴、晨昏暮霭，都会对造园的艺术意境与文化趣尚产生影响。要将这么多繁杂细腻的事物，抽丝剥茧地一一厘清，以一种浅显易懂的语言，呈现在读者面前，实在不是一件容易的事情。

这又使我联想到了前面已经出版的几套中国古建筑五书系列的成书过程。细想起来，为普通读者，为那些对中国文化、特别是中国古代建筑与园林充满热爱与好奇的普通人，撰写这种既通俗易懂，又极富知识内涵的书籍，其实比起那些严肃的学术论文写作似乎还要困难一些。因为，学术论文是个人研究的成果，且多是为学界同行间的阅读与观点交流而写作的，是面对小众的文字。因此，写起来就无所顾忌，只要按照一个严谨密实的逻辑，循着一条，或若干条文献的，或实证的线索，循序渐进地铺展开来，将一件十分复杂的事情，叙说清楚就可以了。写作的时候，关注点是观点的创新、资料的翔实、论据的充分与逻辑的清晰。其余的事情就不用过多地加以考虑了。

这种通俗性、大众性的书籍就大不一样了。当然，这里说的绝非是那种"天下文章一大抄"的"通俗读物"。这是一种经过缜密思考，将一件原本复杂、繁琐、深沉的学术事件，通过一种看起来简单易明的逻辑语言，或通俗易懂的叙述方式，平白无误地告诉读者。这就对写作者提出了更高的要求：一是需要作者对相关领域有相当全面与深入的了解，唯有全面，才不致偏颇，唯有深入，才可能浅出。二是对作者的文字表述功力有较高的要求。为小众写作的人，文字可以晦涩，言语可以迂回，其要是将深邃的学术观点加以最终的清晰展示，不在乎字斟句酌的平白功夫。为大众写作的人，就不能够这样放浪不羁了。严谨科学的通俗读物，文字要浅显，逻辑要清晰，语言要平实。同时，观点一定要确切，资料一定要真实，论述线索一定要简单明了，来不得半点含混不清，或繁缛啰唆的东西，否则就会有误人子弟之嫌。

从这样一个角度，或这样一种标准来观察，我们面前的这几本中国园林著作，还是满足了这些要求的。首先，这是每位作者多年阅读与研究基础上的积累，其中并无虚华不实的笔下生花；其次，其覆盖的范围，与书名的表述内外一致，基本覆盖了一个地区的园林历史概貌与风格特征。最后，其文字表述平白易懂，逻辑线条简明清晰，使人不唯易读易懂，且因其环环相扣的知识链，反而更容易引人入胜，达到吸引读者沉浸其中的效果。而这也正是科普性、通俗性读物所特别希望达到的效果。

当然，一本书的成功与否是由读者说了算的。我们希望读者喜欢这几本书，也期待读者的反馈意见。抑或读者能够为华润雪花啤酒（中国）有限公司与我们清华大学建筑学院共同推进的这个中国古代建筑知识普及与传承系列丛书项目，提出更多更好的建议，从而将这一具有中国传统文化普及与传承性质的合作项目推向深入，这更是我们的希冀所在。

王贵祥
于清华大学建筑馆505室

前　言

　　根本而言，园林是人们所创造的理想世界。真实世间难以获得的理想，乃至梦想，在此一方小小天地中得以寄托、追求和实现。帝王在此追求仙境，文人在此寄托隐逸，大众在此寻找欢乐。园林的最高理想境界，西方人那里是天堂的伊甸园，中国人这里则是现世的山水间。而中国人的这种园林理想，正是在江南私家园林中得到最为精美的展现。

　　江南，古今范围不一。近世所指主要是环太湖流域的苏南、上海、浙北地区。园林史意义上的"江南"范围稍广，常被纳入的地区，南至浙江的宁、绍一带，北至长江北岸的扬、泰、通一线。更广义上，有时还包括浙江全境与徽州地区，本书中则不涉及。

　　此江南地区，有着优越的园林营造条件。地理上，山清水秀、水乡平原，园林中最需要的水景召之即来，亦有罗致造园石材的便利水运。气候上，温润多雨、四季分明，园林中必需的花木品种多样、生长繁盛。经济上，唐宋以来一直是全国的财赋重地，富庶甲于天下，有着园林营造所需的充足财富基础。文化上，南宋以后昌盛为全国之冠，园林营造所需的文化底蕴更是一流。此外，江南地区还盛产太湖石，更是造园中历来最受青睐的奇石品类。有此多项先天优势，江南造园历来品质甚高，而南宋之后，更是成为全国园林文化的中心，引领造园潮流。

　　私家园林，主要与皇家园林相对，二者为中国造园发展的两条主线，其他园林类型如寺观园林、衙署园林、祠庙园林等，都是追随此二者的方法而少独立特色。早期以皇家苑囿为发展引领，六朝之后，文人主导的私家园林异军突起，发展出独立的造园方法与风格，此后成为皇家园林的营养源泉。江南地区，在六朝、南唐、南宋时曾有皇家园林营造，但久已湮灭于历史尘埃，而私家园林前后相继、越发繁盛，南宋以后一直独领风骚。今日所谓"江南园林"，主要就是以文人主导的私家园林。

江南私家园林的魅力为海内外所赞誉，而真正理解这种艺术却并不容易。江南造园虽盛，但历经各种劫难，大多已遭毁弃，今日所遗存的民国以前江南私家园林，已较稀少，颇为珍贵。而且，在社会结构、生活方式、精神追求等各个方面已与古人差异极大的今天，大多今人已对园林相当陌生，更难谈及品赏传统园林妙处、体会古人造园匠心了。

本书主旨，即在于尝试细致阐释今日所见江南私家园林的营造艺术。首先为江南私家园林的概述，简述其发展历程以获得历史定位认识，并通过造园特色要点的论述，理解其多方面的营造追求与方法。其次是名园赏析，选取江南各地具重要价值的著名历史园林案例，分别阐述各自的造园特色。

名园赏析，主要关注营造的意匠。对此，首先通过沿革概述以理解现状的来源；进入园景赏析，主要从景致构成的角度，由主而次进行阐述，关注景致的解释，而少罗列式的叙述与感想式的发挥；最后进行总体评价，注重结合时代性、地域性的个性特点揭示，并在历史情境、各园比较中得出价值的理解，也对影响历史艺术价值的园林保护修复作出一定评析。

这种写作方式，重在对江南私家园林得到较有深度的理解，而非面面俱到的讲解，因而重点突出、有详有略，对主要园景特色的构成方法阐释相对较详，而对如建筑细节、植物品类、匾联内容等关注相对较弱。在对园林艺术特色的解释中，两个方面是尤其值得关注的：一是时代性差异，

VII

尤其是因晚明转变而少见、一般为人们所忽视的早期欣赏方式与造园方法的承续；二是个性差异，各园营造的历史情境不同、基址环境不同、尤其主人趣味追求不同而形成诸多特点，只有欣赏到各自差别的细节，才能领略园林的丰富精妙所在，而现状是常规做法还是特殊形成，尤其需要在各园的联系与比较中得出共性与个性的结论。

这里选择江南私家园林的品赏案例28个，江南各地大多涉及，而以苏州园林为最多，也基本与现存状况相一致。其中对以往人们关注相对较少、但价值其实不低的一些园林（如常州近园、海盐绮园、宁波天一阁、苏州曲园、如皋水绘园等），也给予了较详细的关注。

本书中独出己见的解释与评论相对较多，限于能力或多有不当之处，恳请方家斧正。

目 录

第一章　江南私家园林概述 /1
　　第一节　发展历程 /3
　　第二节　造园特色 /9

第二章　江南私家园林赏析 /19
　　第一节　苏州拙政园 /21
　　第二节　苏州留园 /34
　　第三节　苏州网师园 /44
　　第四节　苏州沧浪亭 /55
　　第五节　苏州狮子林 /66
　　第六节　苏州环秀山庄 /77
　　第七节　苏州艺圃 /88
　　第八节　苏州耦园 /99
　　第九节　苏州怡园 /109
　　第十节　苏州曲园 /119
　　第十一节　吴江退思园 /126
　　第十二节　常熟燕园 /135
　　第十三节　上海豫园 /145

第十四节	嘉定秋霞圃 /155
第十五节	松江醉白池 /165
第十六节	无锡寄畅园 /176
第十七节	常州近园 /187
第十八节	杭州郭庄 /197
第十九节	海盐绮园 /207
第二十节	湖州小莲庄 /217
第二十一节	南京瞻园 /227
第二十二节	扬州个园 /238
第二十三节	扬州何园 /249
第二十四节	扬州小盘谷 /261
第二十五节	泰州乔园 /270
第二十六节	如皋水绘园 /279
第二十七节	绍兴沈园 /289
第二十八节	宁波天一阁 /297

参考文献 /307
后记 /309
图片目录 /311

第一章 江南私家园林概述

第一节 发展历程

江南地区早在先秦即有苑囿营造，如春秋时吴国的姑苏台、馆娃宫等。私家园林的出现相对较迟，早期记载有西汉张长史的苏州"五亩园"，东汉末年豪强笮融的苏州"笮家园"，但士人园林的出现、并随之带来私家园林的兴起，要到六朝时期。

六朝：士人私园的肇兴

魏晋南北朝时期是中国园林史上的重大转折时期，思想与审美发生巨大变化，寄情山水、雅好自然开始成为社会风尚，园林营造从以往追求物质享受，转向以山水审美为主题，中国园林发展的主旨轨迹从此确立，而士大夫园林逐渐发展出不同于皇家苑囿的艺术特色而独树一帜。自晋室南迁以来，江南地区以其优越的经济文化与自然山水条件，成为这种新的园林思潮与实践的极佳场所。当时江南私园，以都城建康（今南京）以及苏州、会稽（今绍兴）一带为多。

在建康，东晋时丞相王导的西园中"果木成林，又有鸟兽麋鹿"，以林木野趣为主。会稽王司马道子营东第，"筑山穿池，列树竹木"，水上可乘船宴饮。将军沈庆之有"娄湖园"，园中有湖，可见其大。南朝时徐勉的郊园，"桃李茂密，桐竹成荫，塍陌交通，渠畎相属，渎中并饶菰蒂，湖里殊富芰莲"，一片田园风光。庾信宅园，"敧侧八九丈，纵横数十步，榆柳三两行，梨桃百余树"，成为小园典范。在苏州，最著名的是东晋苏州的顾辟疆（彊）园，尤以《世说新语》所录王献之简傲径入且肆意评论、被主人赶出亦不以为意的故事而为后人乐道。辟疆园唐时犹在，有竹、池之景，李白、顾况、陆羽都有诗作。南朝宋的画家戴颙宅园，以"聚石引水，植树开涧，少时繁密，有若自然"而闻名。在会稽，刘宋时谢灵运在上虞经营"始宁墅"，则是以大型山林庄园的面目出现，留下大量诗篇。在扬州，谢安有"芙蓉别墅"，亦为郊野庄园。可以看到，当时私家园林常为庄园形式，但小型园林营造也渐多。

唐宋：后来居上的繁盛

隋唐以后，中国的政治文化中心重回北方，私家园林承续六朝旨趣，各地大量兴造，尤以洛阳为胜。北魏杨衒之《洛阳伽蓝记》中除佛寺园林外，即记载了诸多私家园林；唐代作为东都，洛阳私园兴造更超过长安；至北宋有李格非《洛阳名园记》，可见一时私家园林盛况。因此，汉宝德先生将南北朝至北宋称为"中国园林的洛阳时代"。其时江南地区虽非园林文化中心，却也逐渐兴盛。

隋唐时，扬州为繁华胜地，有"扬一益二"之称，私园竞造，裴谌樱桃园"楼阁重复，花木鲜秀"，又有郝氏园、席氏园等；杭州因京杭大运河的开辟而一跃为东南重镇，又以西湖美景天下闻名，白居易即在孤山脚下建"竹阁"，略有别业性质；苏州更是繁盛，私家园林见于记载的约有二十处，其中著名的："孙园"可与虎丘并提；陆龟蒙宅园水木明瑟，明代在此又建拙政园；此外又有"褚家林亭"、"凌处士庄"、"颜家林园"等。文人园林，开始崭露头角。

五代时期，中原板荡，江南地区却在吴越、南唐治下而稳定繁荣，私家园林亦多建设。如吴越国所辖的苏州，有钱元璙"南园"，又有孙承佑园池，水竹茂盛，成为后来沧浪亭的基础。南唐金陵（今南京）的私家园林营造极盛，宰相李建勋致仕后"营别墅于蒋山（今钟山），泉石佳胜"；毗陵郡公徐景运"南原亭馆"临近长江，"闢精庐于中岭，倚层崖而筑室，就积石以为阶……设射堂于其左，湛方塘于其下……芳草嘉禾，修竹茂林，纷敷翳蔚，不可殚记"，融人工于自然，景象丰富；宰相严续宅园，有"凤楼"之造，有牡丹之赏；司徒徐玠池亭，"亭榭跨池塘，泓澄入座凉。扶疏皆竹柏，冷淡似潇湘"，有水竹、亭榭之趣；等等。与北方因战乱而一片凋敝相比，江南可谓盛况超出。

北宋时，江南已是跃居全国之首的繁华之地，私家园林进一步兴盛，名园渐多，如苏州就有苏舜钦"沧浪亭"、朱长文"乐圃"、梅宣义"五亩园"、章楶"桃花坞别墅"、朱勔"同乐园"、蒋堂"隐圃"、丁谓"小隐堂"、"秀野亭"、程俱"蜗庐园"等，都多有景致营造，近乎有颉颃洛阳之势。

至南宋，江南地区成为全国政治、经济、文化的中心，江南的园林文化终于决定性地超越中原，此后一直是私家园林营造的最盛之地，并不再因政治中心的北迁而旁落，从而南宋以后也被称为"中国园林的江南时代"。杭州作为南宋都城，得到记载的私家园林总数有近百处，盛况远超北宋东京与洛阳。西湖周边最集中，著名的有韩侂胄"南园"、贾似道"水乐洞园"、"水竹院落"、"后乐园"等。靠近太湖的吴兴（今湖州）是当时另一个私园集中之处，有周密《吴兴园林记》专门记载，他亲身游历过的就有三十六处，以南、北沈尚书园、俞氏园、赵氏菊坡园、叶氏石林等最有代表性，并各具特色。江南其他各地，亦有大量私家园林营造，往往而有名园，如苏州有范成大"石湖别墅"，又如绍兴"沈园"因陆游闻名，今日仍存。此时的江南私家园林以文人引领，甚至影响皇家造园。其规模较之早期庄园大为减小，城市宅园渐多；其风貌较之今日所见，大致有简远、疏朗、雅致、天然的特色。在具体营造中，水木仍居主导，峰石欣赏也已普遍，并出现专门园中叠山工匠，吴兴地区称之"山匠"，苏州称为"花园子"。

元明：引领之中的转变

元代为异族统治，士大夫文化受到沉重压制，私家园林较之宋代盛况，总体而言衰退严重，在全国大部分地区都乏善可陈，然而在江南地区却是例外。尤其在元末，其他地区遭受战乱困苦之时，江南相对安定，各种经济文化资源集中于此，因而造园活动相当旺盛。在苏州，私家园林记载四十多处，就造园的时间密度而言超过宋代；在松江，元末园林也出现一个发展高潮。其中苏州"狮子林"、昆山顾瑛的"玉山佳处"、松江曹云西的"曹氏园池"、无锡倪瓒的"清閟阁"等园林尤为著名。在全国总体一片凋零之中，唯独江南园林异常勃兴，亦成文化上的引领。

明代初期，因朱元璋的禁园政策及对江南地区的刻意打压，江南私家造园一时陷入低潮。但在15世纪逐渐恢复元气，苏州吴宽"东庄"、韩雍"葑溪草堂"已一时称胜。

明代中期，随着社会经济兴盛发展、社会风气由俭入奢，江南园林又回复繁荣，重又引领私家造园之风，尤其以松江、苏州一带最突出，出现了许多规模庞大、景致丰富、营造细致、影响深远的园林。初建于此时而今日园址存留的，有苏州拙政园、南京瞻园（当时为"魏公西圃"）、无锡寄畅园（当时名"凤谷行窝"）、嘉定秋霞圃（当时名"龚氏园"）等。

明代后期是整个中国在社会、经济、文化方面的大转变时期，江南地区往往开风气之先而有着举足轻重的地位；在园林方面，更进入一个空前的极盛时期。造园更加普及、数量剧增，造园质量也越发提高，名园遍布江南各地，其中公认的突出名园，有太仓王世贞"弇山园"、无锡邹迪光"愚公谷"、上海顾名世"露香园"、绍兴祁彪佳"寓园"、扬州郑元勋"影园"等。今日苏州留园、艺圃、天平山庄、上海豫园、泰州乔园，都是当时初创而其址尚存。

晚明江南私家园林，不仅是辉煌全盛，还在欣赏方式和营造方法上发生了深刻转变。造园的"画意"标准得到确立，园林获得自身独立的形态审美价值，中国园林史上第一次诞生了较为系统完整的园林创作理论著作《园冶》，第一次出现如张南垣、计成等一大批造园名家，也前所未有地成就了一大批营造复杂、景致精美的"名园"；而园林营造技法在叠山、理水、花木、建筑各个方面都发生了深刻变化，如叠山与石峰逐渐分离，方池理水衰退，花木也产生观赏新意，建筑作用更是大大加强，尤以廊的大量使用而产生巨大效果变化。以苏州为核心的江南地区引领着这一变革，逐渐影响到其他地区，使后来的造园与早期面貌产生深刻差异。

清代：皇家造园的源泉

清代的江南私家造园大致承续着晚明的园林文化。清初虽遭易代动荡，但园林文化仍存，尤其是遗民们以隐居园林为精神寄托，如冒辟疆在如皋建"水绘园"、姜埰在苏州改造"艺圃"等。晚明造园大师张南垣依然活跃，造太仓王时敏"西田别墅"、苏州东山席本祯"东园"等，其子张熊、张然，侄张鉽也能传其术，无锡寄畅园即由张鉽改造。此外，常州杨兆鲁"近园"、扬州程梦星"筱园"、宁波范氏"天一阁"庭园等，立意、手法皆与晚明相接。作为江南园林文化核心地的苏州，当时仍有"苏州好，城里半园亭"之称。

清中期，扬州造园异军突起，当时多有"扬州园林甲天下"、"扬州以园亭胜"等评语，城西北保障河（今瘦西湖）一带，别业连绵；城内亦园林遍布，今日尚存的"小盘谷"、"片石山房"园林叠山，都是当时作品。继张南垣之后，这一时期的江南又出了一位造园巨匠戈裕良，依然存留的苏州"环秀山庄"假山与常熟"燕园"假山仍是今日所能见到中国叠山艺术的最高水准。

进入清后期，国运渐衰，江南造园亦呈下坡之势。尤其是太平天国战争，江南园林一度遭到近乎毁灭性的打击，诸多名园经此劫难而不复存在，私家园林最为集中的苏州所受兵火摧残尤甚，沧浪亭等名园被几乎夷为平地，仅留园、网师园等幸免于难。今日所存园林虽有的较早创建，但基本上都是太平天国之后所重修，因而大都蒙上了一层晚清色彩。此后的同、光年间，亦有新园营造，保存至今的有苏州怡园、曲园，同里退思园，杭州郭庄，海盐绮园，南浔小莲庄等。这些或重修、或新建的园林基本带有明显晚清特点，往往建筑繁密，且带有当时流行的若干西式特点。

　　清代江南依然成为整个中国园林文化的中心，即便清代北方皇家园林空前兴盛、成就非凡，但就在造园旨趣、手法上，仍然以江南私家园林为重要的来源。清初畅春园的设计营造，以张南垣之子张然主持，张然去世后，其整修增建则由松江人叶洮负责，可见江南造园的影响。康熙、乾隆皇帝均六下江南，每次都巡幸园林，尤其是乾隆帝，对其喜爱的江南园林，更令随行画师绘为粉本，回京后仿造于御苑，如颐和园中有模仿无锡寄畅园的"惠山园"，圆明园亦有对南京瞻园、苏州狮子林、海宁安澜园、杭州小有天园的仿建，等等。可见，清代御苑作为中国园林的重要成就，与江南私家园林作为源泉滋养是分不开的。

第二节　造园特色

　　江南私家园林以其超凡的艺术魅力享誉海内外，是中国园林艺术的最杰出成就所在，最为突出地体现着中国传统造园的特点，如旨趣追求上的山水主题、营造技法上的自然与人工巧妙结合、文化内涵上的鲜明士人气息等。同时，每一座优秀的江南园林又有着各自的独特性，如因选址差别和环境不同而进行因地制宜的灵活应对，因园主人观念追求的差异而带有明显个性韵味等。此外，在江南区域内部也存在一些造园观念与方法的地域性差异，这与各园林往往建造年代不同而带来的时代性差异一起，又构成了今日所见江南私家园林面貌的丰富性。

　　尽管现存诸多江南私家园林有着丰富的差异性，但大体而言，还是可以总结出一些共通的效果追求与营造方法。在各类要素手段的综合运用中，山水追求最为核心，花木配置不可或缺，建筑手段最显灵活，空间安排最富魅力，文字运用彰显内涵。

山水营造的自然境界

　　"山水"是中国艺术文化中的一大特色，六朝以来，表现于诗文，更兴盛于绘画，而最为突出的载体则是园林。不同于世界其他文化中往往以植物作为园林主题，中国园林自六朝后，从来就以山水为核心。而江南私家园林，正最突出地体现着对山水境界的追求。

　　中国园林中对山水的模仿由来已久，早期如先秦的"为山九仞"、汉代的"一池三山"、"十里九坂"等，都主要是在大范围中以大规模土山堆叠以模仿真山。唐宋时代文人小园为主,则流行"聚拳石为山,环斗水为池"的小型微缩山池,峰石以象山峦。晚明时期又发生始于江南,并影响各地的转变,在小园中追求如"截溪断谷"式的真山水境界,张南垣、戈裕良等杰出的江南造园家也创造了大量一流山水园林佳作,从而使江南私家园林在天然山水境界方面有着最出色的营造。

江南园林山水之景,以山景营造更为复杂困难,也更有表现力,常常作为园林主景。晚明以来,山水画意成为江南园林欣赏标准,使山景更为园中必要,只要园主稍有财力,必叠假山。有的园林以水景为主题,但也有假山叠造,如苏州网师园等。现存江南园林中,绝大部分都有山景营造,仅松江醉白池等极少数例外。

假山是江南园林营造中最具财力花费与技术挑战的内容,也是造园匠师的工作重心,因而他们常被称以"山匠"、"山师"。大体而言,假山一般以土、石两种材料构成,二者常相结合,可分以土为主与以石为主两大类,而少见纯粹的土山与石山,因土山需要用石加固与增加山趣,石山则需要用土以栽培植物、增加生机。以土为主之山,常常林木葱郁、多山林野趣,且花费少而易出效果。晚明张南垣擅长此类假山,成"平岗小坂"、"曲岸回沙"之态,现存如苏州沧浪亭主山、拙政园池山以及艺圃假山后部皆可看到;但经岁月沧桑易被毁弃,史上记载虽多而今日留存较少,张南垣造园无数而其山一处也未存留。以石为主之山,易成崚嶒高峻的全园核心景致,山水结合也易出山水画意,且谷涧洞壑之景也更多游山意趣,因而为大多园林采用;但石材要求较高,取石花费较大,叠石更加困难,因而非富家不能成大山,非高手不能成佳景。

石山因石材差别而有不同呈现效果与营造技法。江南园林假山用石一般以太湖石和黄石两种,湖石假山多姿,黄石假山雄浑,各有特色。叠山大师戈裕良二者皆擅,苏州环秀山庄的湖石山、常熟燕园的黄石山,均为两类假山中的极品。

而太湖石因其清秀多态、似蕴生机,不仅用于叠造假山,还可用于单独立峰欣赏。现存江南园林,几乎无园不赏峰石。此外,一些湖石假山的营造中，也结合有石峰之赏，最显著的是狮子林。这里必须要结合历史演变来理解这类假山。早期的太湖石假山，是与石峰欣赏密切联系的，"峰"之名即表达对山峰的象征，同时太湖石峰又因其形态动势而似为大自然生气之凝聚，而欣赏其如动物般的勃勃生机，这种假山石峰的欣赏方式在唐代白居易的《太湖石记》中可明显看到。现存类似狮子林的这种假山还有所谓"九狮"（如扬州小盘谷、宁波天一阁）、"石猴"（如常熟燕园南假山）等在一些园林中仍可见，也是这种欣赏方式的延续。但这种欣赏与营造自晚明开始渐成旁支，主流叠山是欣赏画意般的真山境界，峰石便往往脱离假山而单独得到欣赏了。

水景的欣赏，在江南园林中从来必不可少。以水池为园林中心，这在各类规模的园林都可见到，大者如湖州小莲庄"挂瓢池"浩渺辽阔，小者如苏州网师园"彩霞池"亦成为景致核心。最为常见的是以池面来组织园景营造，形成隔池对景，尤其是主体厅堂隔池正对假山之景，创建年代较早的园林中皆是，如苏州拙政园与艺圃、南京瞻园、嘉定秋霞圃、常州近园、宁波天一阁等。

主体池面以聚为主，同时池岸变化，常成水湾，并以小桥相隔层次，望之如有源流，典型如网师园水池东南一带。池可作湖泊、池塘、濠濮、渊潭等的变化，有时也延伸而成溪流之景，有绵延之趣，如南京瞻园沟通南北二池之溪。池岸曲折，水流蜿蜒，这些都是形成画意的常见方式。

最富意趣的曲水营造则在与假山结合而成"水随山转、山因水活"之景，此种山水结合最能引发天然境界的感受，且极具深远画意，如苏州环秀山庄的带水环绕、山涧连通，拙政园岛山之间水峡设置，都是此类佳例。

同时也要注意到与常见曲水完全相悖的方池，虽已不多见却是早期理水方式的一种延续。在晚明以前，江南园林中的方池大量存在，因为欣赏的是水面本身（如天光云影、池莲游鱼）而不关注池岸形态，且因追随朱熹"半亩方塘"之咏而往往被采用；然而晚明造园画意标准在江南确立之后，方池并不入画而被逐渐放弃，因而江南少见而其他地区园林中仍多见。但今日江南园林方池亦非完全绝迹，苏州曲园、松江醉白池、杭州郭庄等处仍可见到。

花木营造的天然生机

在古今中外绝大多数的园林营造中，植物从来都是不可或缺的重要内容，中国早期造园更是如此。"园"字的含义，《说文解字》解为"所以树果也"，"园林"这一名称自魏晋起基本确定，可见当时即以种植为主要内容。唐宋以后，园林中的山水内容成为更重要主题，其实"山池"这一常用称谓更能反映主体内容，而一般仍用"园林"之名，主要取其古雅。

中国园林中历来关注对自然境界的向往，植物配置能最便捷地达到"少时繁密，有若自然"的效果。江南地区气候温润、雨水丰沛，植物条件优越，园林更是以花木营造表达着对勃勃生机的获得。林木蓊郁、古树巨荫，从来为园林所追求的极佳境界。同时，江南园林中的花木又有其极富特色的营造方式。

江南园林尤其关注自然花木的四季之景的变换。春日的柳芽萌动、鲜花盛开，夏日的浓荫蔽日、绿意莲香，秋日的黄叶红枫、桂菊飘香，冬日的遒干疏枝、梅花如雪，令人体会时间流转的自然之道，正是园林作为一种天地自然的理想世界营造的体现。《园冶》所谓"收四时之烂熳"，正是这种追求。

江南园林中也非常重视植物的配合。作为画意追求的体现，不仅关注个体的色、香、姿的欣赏，亦讲求姿态与线条的苍劲与柔和、枝叶的疏与密、色调的明与暗、乔木与灌木，以及常绿植物与落叶植物等的相配。而植物与房屋、山石、水池的配置关系也多有配合的讲究，如高大树木衬托亭廊、山壁以虬枝衬托、池岸的灌木层次等。而除了这样的点缀，也有以花台来对花木进行专门欣赏，往往以粉墙相衬而成天然图画，如拙政园中海棠春坞小院、怡园锄月轩前等。

江南园林中花木品种的选择往往关注文化的寓意，在形态欣赏之外又多了一层"雅"的内涵。这不同于一般以玉兰、牡丹象征玉堂富贵、石榴象征多子等民间祈福文化，而多是一种比德性象征，如松、竹、梅为"岁寒三友"，这就成为南京瞻园中"岁寒亭"周围植物选择的来源。不过过分讲求这种文化上的追求，也往往带来品种选择有限的短处，限制了多样性植物配置的可能潜力。

此外也要认识到江南园林中花木欣赏的时代性变化，现在主要关注的一些形态性画意欣赏，其实是晚明以来形成的新意，而此前更注重植物形成的自然氛围之趣，这就使成片林木为常见，而其中如果树等经济型作物也常采用，而更多一层实用意味，如初创时的拙政园就是如此。今日的花木欣赏则以形态的美学趣味为主导，尤其关注画意原则，但偶有一些园林保留早期氛围特色的主旨追求，也值得我们留意。

建筑营造的典雅精致

建筑营造是江南园林与其他地区园林的最显著差异表现所在，这也正是晚明江南造园变革之后，带给园林面貌改变的最突出体现之处。不仅园林建筑的地位提高、密度增加、形式关注增强，而且配置手法发生巨大变化。这与晚明以后变化的审美观念相关，也与江南园林主要作为城市宅园，游、居关系更加密切的生活方式有关。

江南园林的建筑发展出了极为丰富多样的类型，可供非常灵活地配置选择，这使得园林面貌变得极为丰富多样。如厅堂为最主要的赏景活动场所，需正对主景，"四面厅"可各面观景，而"鸳鸯厅"则前后组景、分别宜冬夏之用，此外还有花厅、荷花厅、花篮厅等差别。次要建筑则可作多种轩、馆配置，容纳各种生活与观景内容。临水建筑为榭，主观水景，亦可成特殊形态的旱船，成为一种景观而增添变化的趣味。为远眺、俯瞰，则可有楼、阁之设，造型也可多有变化，一般阁四敞而更轻盈。而数量最多、最为灵活的为亭，既可观景，亦作为景致点缀，形式变化最多，如拙政园中就有十多个形态各异之亭。

除以上各类型外，江南园林中的廊子是尤其特别的，陈从周先生就称"游廊为园林的脉络，在园林建筑中处极重的地位"。不仅形态灵活，可随形弯曲、多有变化，又划分空间、增加景深。其凌池跨山、联系各区、起伏多势、可分可合，不仅外在形式多变，也带来丰富游览体验，实是最为灵活的营造手段，《园冶》称之"园林中不可少斯一断境界"。拙政园西部水廊、沧浪亭复廊，都是优秀例子。其实廊的这种灵活使用也是晚明江南园林变革的产物，因而尤其是在此变革核心的苏州一带最为突出。

江南园林建筑手段的运用中，还包括窗与墙的灵活多变，作用非凡。墙虽以粉墙为主而似乎材质单一，但通过波浪形的云墙、阶梯形的折墙等变化，以及墙上设漏窗、洞门的虚实对比，又有其丰富形态，与周围建筑景色相配合。墙上之窗，变化更多，除窗洞有各种形状，漏窗的图案更是千变万化，增添园林的奇幻之美，如沧浪亭中就有上百处之多而无一雷同。而除了形态本身，墙与窗洞、门洞等一同还成为空间变化的丰富手段。

江南园林中的这些建筑营造，往往有着灵活丰富的造型与组合变化，而且细部构造与装饰精美，并与室内陈设综合一体考虑，但一般不追求奢华堂皇，而是具有文人园林的雅朴，色彩典雅清新，比如粉墙灰瓦、栗色门窗，不作夺目艳色与鲜丽彩绘。铺地也一般用朴素大方的卵石、砖瓦等铺砌，图案也多用格子纹、冰裂纹及简洁花叶样式。室内陈设也追求古雅，并常用天然大理石作为挂屏及家具装饰，极具天然雅趣，与整个园林的境界追求浑然一体。

空间营造的无尽体验

江南私家园林给人的艺术享受，不仅在于通过山、水、花木、建筑形成优美的景致，还在于通过综合手段营造出丰富无尽的空间体验，这个方面乃是江南园林较之其他地区园林最为突出的成就。晚明以来，江南园林审美越发关注突破有限空间中视觉局限的问题,"小中见大"、"咫尺山林"成为突出的追求,"壶中天地"、"芥子纳须弥"这样的称呼被人们用来形容占地虽小而景象无穷的理想园林世界。可以说,江南园林营造是围绕着扩大空间感的基本问题而进行的。在这样的旨趣引领下,江南园林发展出了诸多出色的设计手法,达到了极高的艺术水准。

自园外引入景致的"借景",历来是传统造园关注的手段,江南园林中尤为重视。观园外景色之时,能突破园林边界而瞬时放大空间的感受,花费极小而收益极大,《园冶》甚至称"借景,林园之最要者也",因而江南园林中凡是园外有山水佳景时,必定不会放过。最突出的例子是无锡寄畅园,西侧惠山、东南锡山都收入园中;又如杭州郭庄,邻借西湖。江南园林中登高眺远的营造很多,有的位置在假山之上,如上海豫园大假山的"望江亭"中昔日可望黄浦江,海盐绮园东北主峰的"小隐亭"可远眺东海;有的则建楼以观远山,如苏州拙政园"见山楼"、沧浪亭"看山楼",常熟燕园"赏诗阁"则西眺虞山。

而在园林之内,空间的经营更是多样。首先大格局的考虑中,通过景区划分,形成主次对比、主题差异而产生多样变化,这是创造丰富园景和扩大空间感的一种基本手法。一般而言,江南园林中首先有主体景区的设置,安排山水主景,同时会有次要景区的安排。如在拙政园中,除了主厅远香堂北正对的主景山池,堂南为入园小景山水,堂西为"小沧浪"水院,堂东为三个小院庭景,各自形成主题,使游赏后有目不暇接,无比丰富之感。次要景区往往相对封闭,且有自成一体的营造,似为小园,可称"园中园"。有的为简单小院,如拙政园中东南三院,又如网师园"殿春簃"、寄畅园"秉礼堂"。有的则营造丰富,如苏州艺圃、南浔小莲庄,与主景区成"内外园"格局。有的次要景区的地位几乎与主景区接近,已不能作"园中园"之称,如海盐绮园、常熟燕园、杭州郭庄等,二区位于主体建筑前后,或可称"前后园"格局。

而在一个景区之内,江南园林往往通过丰富景观层次、加大景观深度的方法,使得视觉空间有无尽延伸之感。在较大的景域中,通过山石、岛屿、花木、亭廊、桥梁等多样层次的营造，形成丰富的虚实开合、穿插渗透，如拙政园中部，无论主池东西向，还是"小沧浪"与"见山楼"之间的南北向，都因层次丰富而形成深远之景。在较小的空间中，除了花木、峰石的设置，廊、墙、窗、洞相配合的作用则大为增加，形成隔而不塞、似分似合、透景隐约的深邃境界，这在如留园石林小院一带的运用中尤其突出。

此外在细节营造中，江南园林中也往往有精彩的做法来拓展空间感受，如采用意念上诱导联想的手法：或把水面延伸于亭阁之下，或由桥下引出一弯水头，从而产生水势漫泛、源远流长的错觉；或使假山体势奔竞止于界墙，犹如截取了山脉一角，隐其主峰于墙外。又如在景物尺度上，以低衬高、以小衬大：低浅池岸（如退思园荷花池）、桥梁小巧（如网师园引静桥）可衬水面阔大，山亭小巧（如怡园螺髻亭）可衬假山之雄，等等。而在视错觉的运用上，往往以水面对天光云影的倒影而强烈扩大空旷感，也常使用镜子，利用错觉扩大空间感受。

而江南园林对空间无尽追求，远不止于景物设置，对人游赏体验中的空间感扩大才是这种旨趣的最佳体现。这首先在于游赏路径的设置，一个基本的方法在于延长行进的过程，使时间得到延伸、视觉景观范围得到扩张，从而空间感受得到放大。以各种曲径、曲廊、曲桥，所谓曲折不尽、步移景异，产生丰富的运动体验变化。游赏路径不仅在于长度延伸与转折多变，还通过行进路径的层次节奏变化，达到类似诗歌、音乐的效果，增加体验的丰富性而扩大空间感受。比如门洞的停顿转折，带来景观突变，又如高下起伏，形成身体感受的节奏变化。而在进行过程中，各种景物与空间的对比使用也非常重要，如大与小、高与低、疏与密、藏与露、开朗与幽曲等，通过视线的缩放、明暗的对比、虚实的结合而放大心理的空间，以"欲扬先抑"达到"豁然开朗"，拙政园主堂前入园空间就是一个典型。此外，空间的流转贯通、循环往复，使同一场所在反复游赏中得到多样体验，也是江南园林中扩大空间感的极佳方式。

文字营造的文化意蕴

江南私家园林是以文人园的性格而著称的，历史人文承载其中，深厚的文化底蕴在园林中处处可见，游览园林如同欣赏一个文化宝库。这种深沉文化感的主要体现，在于园林中的诸多文字品题，如园名、景名、匾额、楹联、石刻等，不仅凝结了传统的诗联、书法、篆刻等文化艺术，还透露出造园的旨趣渊源，表达出主人的品格心绪，也强化了园景的诗情画意，升华了园林的景观意境。

园林文字品题可以抒发园主人的文心修养与寄托追求。首先命名就揭示出造园的根本寄托所在，如"拙政"、"网师"、"沧浪"等园名，明确表达了主人追随古人隐逸精神而退隐园林，体现出一种独立清高的文人品格；又如"豫园"、"怡园"、"耦园"等则表达出生活愉悦，尤其是家庭和乐，这则是一种关注天伦之乐的儒家情趣的表现。而一些匾、联中表达出的哲思、典故，也往往意义深刻、发人深省，如留园"活泼泼地"的禅意，拙政园"与谁同坐"的雅韵，艺圃"馎饦斋"、"思嗜轩"则是对先人的怀念，等等。

而江南私家园林文字品题的使用，还对园景欣赏有提示与深化的作用，尤其是一些寻常难以注意到的特殊景象，而且因其文学性使得景致营造更加耐人寻味。如花木的季节性欣赏，怡园中"南雪亭"之名是对冬日梅花之色欣赏的提示，而同时又是对杜甫《又雪》诗的引用而成典故文化；留园中"闻木樨香轩"、怡园"藕香榭"则都是提示季节性花香欣赏之例。又如声景之赏，拙政园中"留听阁"景名引发李商隐"留得枯荷听雨声"之境，相关联句更多，如怡园中"松风如在弦"、"喜嘶蝉树远"等。

园林中的文字还表达着对园林体验的雅致方式。如耦园里"静坐参众妙"之句，典型地表达出传统园林审美的基本方法，以细腻内心聚精会神地去看、去听，是进入文人所追求天地境界的不二法门。对各种优雅园林生活，如耦园中有"闲中觅伴书为上"、"城曲筑诗城"、"东园载酒西园醉"，就提示出读书、作诗、饮酒等园中活动，又如怡园中的"清谭适我情"、"亭上笙歌"、"分傍茶灶"、"坡仙琴馆"、"竹边棋墅"等，则表达出清谈、歌唱、饮茶、抚琴、弈棋等园林雅事。从而，使园林充满着浓浓的文人生活气息。

正是由于文字品题对文化意蕴营造、提升园林境界的如此重要的作用，江南园林中极其重视而不可或缺。童寯《江南园林志》中记载常熟燕园，当年归氏售园，尽撤其中题咏匾联，"浩劫不减于兵火"，园林中文字的意义可见一斑。

第二章 江南私家园林赏析

第一节　苏州拙政园

沿革概况

苏州为明清江南园林文化的最核心地区，也是江南私家园林最为萃集之地。现存园林之中，以位于苏州城东北娄门内的拙政园的规模为最大、名望为最高，而遭遇也最复杂。

明正德五年（1510），曾任御史的王献臣官场失意，告退还乡。因大弘寺废地营造别业，用晋人潘岳《闲居赋》句意，题名"拙政园"。建园之始，水木明瑟，建筑疏稀，景色旷远，取胜自然，文徵明曾为之作记、绘图、赋诗。王献臣死后，其不肖子一夜豪赌将此园输与徐家，此后直至清初，一直为徐氏所有，其间曾对园景有过改动，王世贞批评其"以己意增损，而失其真"，不过袁宏道仍赞其"古"，水木特色仍然保持。明末清初，钱谦益曾构曲房于此，安置金陵名妓柳如是。入清后，园归大学士海宁陈之遴，其继室徐灿为当时著名女词人，著有《拙政园诗馀》，吴伟业也曾作长诗《咏拙政园山茶花》。未几被没为官产，成一处府署花园，后又发还。

康熙初年，吴三桂婿王永宁据有此园，大肆建造，叠造假山，使园貌大变，大致奠定今日山池格局。吴三桂叛乱后，园又入官，曾改属道台衙门，康熙南巡时曾来游此园。衙门他迁后，园渐荒芜。当时名画家王石谷、恽南田曾作园图，画不存而题字尚在，从中可知与今日园貌有若干相近之处。后此园又成私园，并析为东、西二部，从此园景分离。

乾隆十二年（1747），园东部为太守蒋棨所得，重加修复，称"复园",当时文坛名人如袁枚、赵翼、钱大昕等均曾游赏觞咏,盛极一时。嘉庆时售海宁查氏,道光时又归平湖吴氏。画家戴熙于道光十六年(1836)绘《拙政园图》,已与今日园貌有所接近。西部于乾隆时被太史叶士宽购得,称"书园",中有八景。

咸丰十年(1860),太平天国忠王李秀成进苏州,以此为忠王府一部分,将东西二园合并,园中大兴土木,将苏州各地大宅厅堂拆来。此时园景,可见丁汪鋆所绘《拙政园图》。太平天国以后,东部"复园"部分为巡抚衙门花园,后迁出。西园仍属叶氏。

同治十一年(1872),东部归八旗奉直会馆,在巡抚张之万带领下,又一次对园林进行大规模修整,并恢复"拙政园"之名。江阴画家吴儁曾绘《拙政园图》十二幅,园况和现在已大体相同,建筑较前更为增加。西部于光绪五年(1879)归张履谦所有,改建并易名为"补园",园貌基本留存至今。

20世纪50年代初,分裂已久的两部再次合并;1955年又并入东临"归田园居"旧址,整修再造,而成今日格局,共约六十余亩,总称拙政园。需要指出的是,长期以来归田园居被认为是明代拙政园所析出的一部分,但这种认识并无可靠依据,它应是一开始就独立于拙政园之外的。由明末刑部侍郎王心一以废地新建的归田园居,当时亦是一座名园,后由王氏子孙世守,三百多年未属他姓,在江南园林中颇为难得。但作为拙政园东园部分后,得到大规模改造,已远非原貌。这里仅就作为拙政园旧日本体的中、西二部进行赏析。(图2-1-1)

中部景区

现在拙政园的中部景区,是全园精华所在,依稀保留了此园早期的一些格局特点。此区面积十八亩半,以水池为中心,主要建筑物大多临水而筑,具有江南水乡特色。

此区主堂为"远香堂",仍是当年明代拙政园主堂"若墅堂"的位

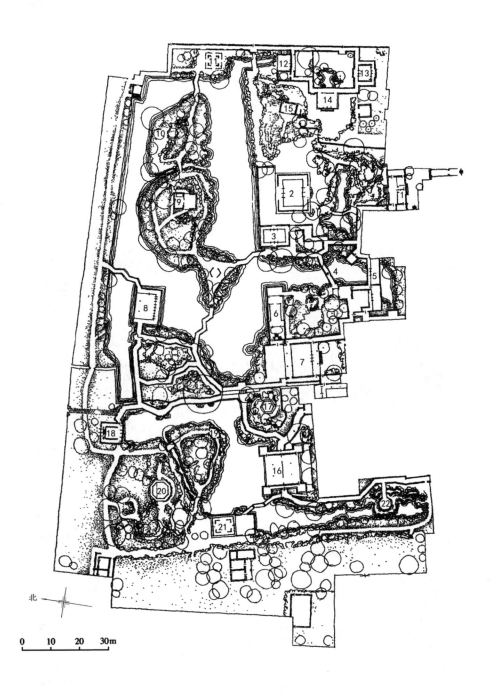

1 腰门　2 远香堂　3 倚玉轩　4 小飞虹　5 小沧浪　6 香洲　7 玉兰堂　8 见山楼　9 雪香云
蔚亭　10 待霜亭　11 梧竹幽居　12 海棠春坞　13 听雨轩　14 玲珑馆　15 绣绮亭（以上属中部）
16 三十六鸳鸯馆、十八曼陀罗馆　17 宜两亭　18 倒影楼　19 与谁同坐轩　20 浮翠阁　21 留听阁
22 塔影亭（以上属西部）

图2-1-1　拙政园中、西部平面图

置。堂为四面厅，可周视园景，而以北向为主景。堂北有平台临池，隔水山景，为传统造园中常用的"堂—台—池—山"主景序列格局（图2-1-2）。池水辽阔，而以东西为长向，山景呈横向舒展开来。作为堂前主景之山，分东、西二座，有主次之分，而以西山为主；其间有溪涧相隔，涧上架小石梁，溪水屈曲与后池相通，从而又使山景呈现出深远层次（图2-1-3）。二

图2-1-2 "远香堂"北平台临池对景

图2-1-3 主景山间有溪涧相隔

山均以土为主，辅以叠石，其上茂林蓊郁，野趣盎然。其上各有一亭，西侧"雪香云蔚亭"为歇山顶，东侧"待霜亭"为六角攒尖，形态各异，相互映衬。山林主景两侧，池东水畔有四面圆洞的"梧竹幽居"方亭近院墙之廊，西侧为"荷风四面亭"立于池中岛上，其后柳荫廊阁，层次深远。

主堂之南，又有小型山池营造，这一景致是与旧日园林入口序列相关联的。在1962年新辟东部入口之前，原有入门途径是先进住宅间夹弄的前街巷门，经曲折长巷而抵腰门。入得门内，迎面黄石山为障景，或循廊绕山，或越洞穿山，便豁然开朗，是传统园林常用的空间奥旷对比手法（图2-1-4）。山后小池，渡折桥便达主堂之前，回望叠山嶙峋奇峭，与北部主山的平岗小坂形成对比，小巧前池与辽阔后池也成对比（图2-1-5）。堂前又有花坛古井，老树挺秀，是另一种清新素雅的境界。

远香堂东，对一小山，坡上"绣绮亭"，朝向西北主池面；小山之麓，

图2-1-4　旧时园门内以黄石山障景

图2-1-5　主堂之南小型山池营造

与远香堂南石山的东北延伸余脉相呼应。其东南有起伏云墙隔出院落，从二山之间入院墙月门，内为"枇杷园"，有"嘉实亭"与"玲珑馆"，果林为庭景主题，布置简洁，庭前可自"晚翠"洞门回望隔池雪香云蔚亭对景（图2-1-6）。再东以内，由廊庑包绕南北两座小院，分别为"听雨轩"和"海棠春坞"，一大一小，分别以小池与花石为庭景主题，空间组合富于变化（图2-1-7）。可以看到，从主堂景区往东南纵深，以山、墙、馆、廊逐渐围合出越发内向幽静的空间层次，是园中极富空间情趣的园中小园所在。

远香堂之西则是与东侧院景相对比的水景主题。堂侧"倚玉轩"及其西对的"香洲"石舫之间，有水面从主池向南呈带状延伸，池上有"小飞虹"廊桥横渡，其南侧"小沧浪"水阁亦跨水上，将水面再度划分，二者之间，西侧"得真亭"、东南"松风亭"及东侧曲廊一道，构成一个幽曲闲静的水院，这是江南园林中极富特色的一组水景。从"小沧浪"北望，"小飞虹"及其倒影之后，又可见

图2-1-6 云墙隔出"枇杷园"小院

图2-1-7 "海棠春坞"小院的花石庭景

水上的香洲、荷风四面亭、见山楼以及其旁花木，渐次退后，层次深远，顿觉园韵无穷（图2-1-8）。

图2-1-8　由"小沧浪"水阁观"小飞虹"廊桥及深远层次

除以上主要景区之外,中部景区之旁侧位置还有其他一些园景构思与营造。西南隅有"玉兰堂",紧靠住宅,小院封闭,花石庭景,自成一体。东北隅有"绿漪亭",可从侧后方观主池山景。西北侧有"见山楼",可登楼远望、俯瞰全园,以"柳阴路曲"廊与水池中央荷风四面亭相联系(图2-1-9)。而长向主池的东西两侧,无论自东墙半亭还是西部"别有洞天"门洞,各可得深远水景层次,此种畅远之景,为其他江南园林所难得(图2-1-10、图2-1-11)。

西部园区

西部原补园部分,以池南近住宅一侧的"三十六鸳鸯馆"为主堂。就其建筑本身而言,颇为别致,平面为方形,中间用槅扇与挂落分为南北两部,采用鸳鸯厅形式,内用卷棚四卷,四隅各加暖阁耳室,可作宴客、演戏时侍候化装之所,其形制为国内孤例;又用彩色玻璃,装修堂皇,为全园之冠。而就其与园景关系而言,作为从拙政园析出而单独成园之后另设

图2-1-9　作为各方向层次枢纽的"荷风四面亭"　　图2-1-10　由东墙半亭附近西观水景层次及北寺塔借景

图2-1-11 "别有洞天"门洞东望所见层次

图2-1-12 "三十六鸳鸯馆"北向隔池对山

的园中主堂,基地狭窄而体量硕大,向北侵占水面,逼仄主景,池面失却开朗之态(图2-1-12)。

主堂北向所对池面,分别在东侧向北、西侧向南而延伸,而以堂前此处主水面为相对开阔集中。主景为池北假山,山上及傍水处建以亭阁。东侧扇面亭"与谁同坐轩"位于临流转角,东南向开敞,扇形母题反复运用,精致玲珑,名称立意亦颇有特色。其后坡顶建有"笠亭",为圆形攒尖小亭,形如其名,周植笠竹,自成佳趣(图2-1-13)。假山后隔以窄溪,对岸为"浮翠阁",为全园最高点,为鸟瞰、远眺之处,但过于高峻而与环境不称。

此主景一区之东为南北长向水面,自北岸"倒影楼"临水南眺,左廊右山之间,溪池尽处,廊后"宜两亭"高出假山之上,这是园中另一较有深远层次的景面。池东墙边,长廊曲折,又有高低变化,人行其上,宛若凌波(图2-1-14)。这是园分为二、以墙间隔后较有创意的佳作,江南

图2-1-13 转角处的"与谁同坐轩"及其后"笠亭"

园林中亦为上选;今二部合一,隔墙上又开漏窗以贯通,廊中更添隔墙借景。由曲廊而南,可达中西二部间别有洞天门洞;曲廊又西转,临主堂池面。

主池面之西为"留听阁",取李商隐"留得枯荷听雨声"句意;建筑体型方正,装修精美,南侧露台呈船头之形,表达为写意船舫。其前溪水一脉,向南延伸,映于绿荫长廊之间,仿佛深远无际,远处"塔影亭"若浮于水面。此视点略似由倒影楼南望,但不及其开阔丰富(图2-1-15)。南端原为园、宅相通的入口,可惜合并封闭之后,竟成死角,意趣难再。

主堂之东,临界墙叠石为山,上有"宜两亭",取白居易"绿杨宜作两家春"诗意,既可俯瞰此园内景物,更可窥东部极佳园景,是《园冶》"借景"篇中所谓"邻借"的佳例(图2-1-16)。

图2-1-14 "倒影楼"南水廊

图2-1-15 "留听阁"前南延水面

图2-1-16 "宜两亭"借东部园景

总体评价

拙政园自创建以来,以其规模之大、品质之高、名望之盛,长期受到关注,如清代学者俞樾即以"名园拙政冠三吴"来加以称誉,当代不仅以其为苏州园林之首,更成为江南园林,乃至整个中国私家园林的典范。

如此之高的赞誉,拙政园是当之无愧的,尤其是长期作为主体经营的中部景域。就其整体而言,布局疏密相间,旷远深邃兼备,建筑不少而又不过于人工化,水面开阔而又不失丰富山水层次。宋李格非《洛阳名园记》中所说"园圃之胜不能相兼者六:务宏大者少幽邃、人力胜者少苍古、多水泉者艰眺望",拙政园中部则兼有此六方面之长,而为他园所难及。就其特色而言,以极具江南情趣的水景最为鲜明突出,保持了创园之初的主景追求,尽管水面在历史变迁中已有所缩小,但其辽阔丰沛仍在诸园之上,深远水景之多样营造也可谓首屈一指。就其细节而言,一石一树、一亭一桥,前后位置、高下经营,均思虑精良、合宜得体,给人以精雅奇趣的景观,而又有往复无尽的体验。作为名园翘楚,的确实至名归。

第二节 苏州留园

沿革概况

留园位于苏州西北阊门之外。明万历二十一年（1593），曾任太仆寺少卿的徐泰时罢官归里后，在旧时一处园址上大治别业"东园"以度晚年，类似王献臣之造"拙政园"。当时徐氏家族财力丰厚，拙政园即为徐家所有；徐氏另有"紫芝园"为当时名园，以叠石称胜；徐泰时又有"西园"，为今"西园寺"前身。此东园建成后亦为当时名胜，除建筑华丽，又有两大胜景：一是由叠石名手周丹泉所叠石假山，石屏如画，神妙无比；二是传奇湖石"瑞云峰"，秀巧奇幻，为江南名石之首。然而明清易代之后，园渐荒芜，假山倾颓，仅瑞云峰岿然独存，而山池构架如故。乾隆四十四年，为准备翌年高宗第五次南巡，瑞云峰被移至城内织造府西行宫供奉御览，此园更衰败减色。

乾隆五十九年（1794），在屡易园主之后，园归观察刘恕，就旧址增地扩建，历时五年修葺落成，奠定今日主体池馆园貌。以园中多白皮松，故名"寒碧山庄"，又因园址居华步里而又称"华步小筑"，俗称则为"刘园"。园中有新得的十二奇峰，为太湖石上选。其泉石之幽、花木之美、亭榭之胜，一时成为吴中名园之冠。咸丰年间太平天国之役，苏州西郊一带遭受严重破坏，而此园则幸得保存完好。其后因无人修葺，逐渐芜秽不治。

同治十二年（1873），布政使盛康购得刘氏寒碧庄，大力修葺，于光绪二年（1876）竣工。因庚申之战吴中名园中唯此园留存，且民间俗称刘园，遂以谐音易名"留园"。园内山林幽曲、馆阁雄丽，成为苏州最精致的大型园林。光绪十四年（1888）辟建西部别有洞天一区，光绪十七年（1891）又扩建东部冠云峰庭园，宅园广袤约四十余亩，基本成今日格局。

1929年此园归吴县政府管理，向公众开放，为游览胜处。抗日战争时遭受较严重损毁，后又一度成为驻军马厩，园中满目疮痍，几成废墟。1953年进行全面整修后开放，但一些被毁建筑未能得到重建。

今日留园占地三十多亩，分为中部山水、东部庭院、北部田园、西部山林四大景区，各有主题特色，各部分之间以墙、廊相间，既相对独立，又互相渗透。中部是寒碧庄原有基础，经营最久，以后虽有改观，仍为全园山池主景（图2-2-1）。

山池主景

从临街园门而入，先经过两重曲廊小院，以一系列时明时暗、时松时紧、曲折幽长的空间为前导，视觉与身心都为之收敛，使人逐渐远离喧闹的外界城市而得到一段情绪净化（图2-2-2）。到达"古木交柯"，通过眼前漏窗隐约看到园中部的山水景色，然后绕至绿荫轩则豁然开朗，宛如逐渐进入与世隔绝的桃花源中。这一入口空间安排在江南诸园中最为出色。

中部山池一区，以水为主，环以山石楼阁。此区主厅为西南一侧的"涵碧山房"，其北以宽广平台临池，正对池北山景（图2-2-3）。此山又在池西侧延展，南至平台之侧，从而山景有远近层次；北望主景的右侧，山前池中还有岛景，形成西北方向的视野层次。主厅之南又自有庭山小景，厅东侧"明瑟楼"南侧小院里有假山可登楼上；二屋相傍，远观如水畔船舫。这一主厅位置与山水关系的安排，与习见江南园林主景序列有所不同，可谓自出机杼。

主池山景，不高而山势起伏，亦有层次。叠石以黄石为主，较有浑厚气势，但经多次改建，黄石上列湖石峰，琐碎而不协调，是此主景的最大

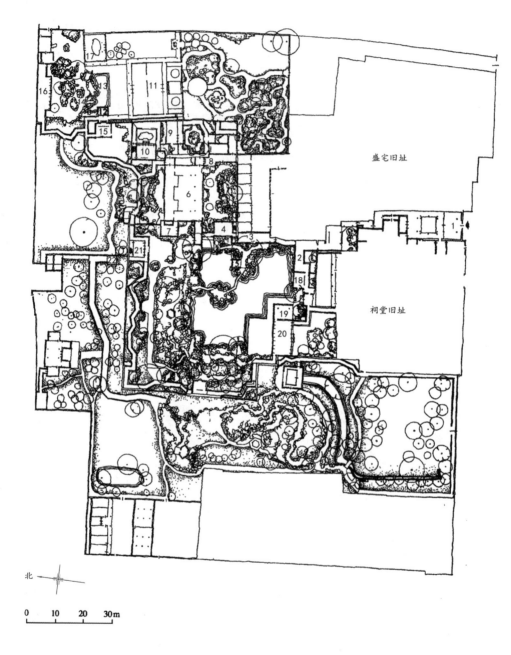

1 大门 2 古木交柯 3 曲溪楼 4 西楼 5 濠濮亭 6 五峰仙馆 7 汲古得绠处

图2-2-1 留园平面图

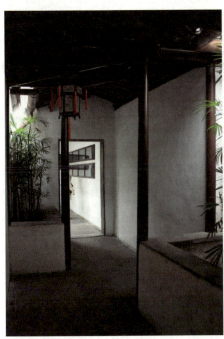

图2-2-2　明暗多变的入园前导空间　　　　　　图2-2-3　池北山亭林木

遗憾。西、北两山之间有水涧，似池水源头，曲涧上有石梁多座，层次深远（图2-2-4）。北山之上"可亭"小巧独立，西山后部围墙之侧"闻木樨香轩"则有两旁爬山廊相通，二亭中均可俯视远眺。二山上有十多株百年古树，更营造出山林野趣。

池中小岛名"小蓬莱"，东、北二侧均有曲桥与岸相通，二桥上又建有紫藤花架，越岛而相连，与主池面分割出空间层次（图2-2-5）；而东侧相连的池岸呈半岛突出，建"濠濮亭"北向。此亭对岸的北侧，旧日有曲廊围合，从而亭、廊、岛、桥（及其上花架），又与东侧的"清风池馆"一起，在主池东北一侧围合出一处幽静水院，为大山水中的小内核，水岸低平，内可细赏小塔池影、睡莲游鱼，外可畅观水木清瑟、山林层次，其佳妙更胜于拙政园小沧浪水院。当年主人刘恕把此处作为园中极为得意的场所，十二块佳石有三块布置于亭旁，其中一块带圆孔的名"印月"，可映水中，亭则名"掬月"，从而营造出夜晚赏水中之月的妙处。然而后世名石遗失，亭亦改名。抗战中北廊被毁，后来竟未修复，于是现在北部空荡开敞，旧日静谧水院的奇妙构思与境界营造，完全无法体会了，成为中部主景区的又一巨大遗憾。

主池东南"曲溪楼"一带多轩阁，尽管退于侧边角落，主要是作为赏景场所而非被观景致，但仍很注意建筑物自身的形态变化而不显单调，尤其东岸建筑的虚实、进退、高低，堪称经典；同时利用树木来弱化建筑物对园景的压迫，

图2-2-4 西北山间深远水涧

图2-2-5 "小蓬莱"岛隔出东北侧水院

如曲溪楼前的枫杨、绿荫轩旁的青枫等,婀娜多姿,为园景增色不少(图2-2-6)。另在山北临墙处,旧有"半野草堂",处幽而赏山阴之景,现仅有曲廊,意趣顿减;西侧又有"自在处"(现"远翠阁"处)与"汲古得绠处"书房,由曲廊围成静僻小庭,而今曲廊不存,二屋暴露而无所观,幽趣不再,神形尴尬。

图2-2-6 东南侧建筑变化

其他景区

山池主景区的东部几处庭院,也是留园中颇为精彩的所在,自然山水之趣一转而为曲院回廊之巧。

从池东轩馆进入"五峰仙馆",顿觉宏敞开阔,楠木大厅,华丽精雅,他园所无,有"江南第一厅堂"之称。左右小室,布局自由;前后庭院,皆列假山,人坐厅中,如对岩壑。堂前靠壁假山,峰石挺秀,昔时以十二生肖形态而称道于众,这是传统园林文化中不同于模拟真山境界,而以关注峰石动态为主的另一种假山欣赏方式(图2-2-7)。

图2-2-7　五峰仙馆前院

五峰仙馆之东另有一座"林泉耆硕之馆",为南北相分的鸳鸯厅,室内装修陈设也极尽华丽精美。在两大建筑物之间的过渡区域,则是一系列的天井小庭,尤其是"石林小院"一带,在三四百平方米的面积内,布置有各种小巧幽雅的花石庭景,通过敞廊、漏窗、短墙、围栏,既相隔又连通,画面纷呈,妙趣横生,游者至此,如入幻境,精彩不断,流连忘返(图2-2-8)。江南园林小庭之妙,石林小院可称第一。

　　林泉耆硕之馆北侧为平台,其前隔池正对太湖名石"冠云峰"主景,瑞云、岫云两峰倚立两侧,亭台廊馆四向围合,宛如一座单独园林中的主景序列布局,而各景命名皆围绕此石主题,如池为"浣云沼",侧有"冠云台"、"冠云亭"和"伫云庵",北以"冠云楼"为背景屏障(图2-2-9)。这是较少见的以单独石峰为主题的完整庭园布置,上海豫园中"玉玲珑"石近此待遇而隆重不及。冠云峰为留园诸峰之冠,高6.5米,在江南名石中最为修长,既雄且秀,兼具瘦、漏、透、皱,颇有"云"般内在气韵生动之感,可从中体味天地造化之奇。

　　冠云峰庭院西有"佳晴喜雨快雪

图2-2-8　石林小院一带的丰富空间分隔与渗透

图2-2-9 冠云峰庭院

之亭",亭名、装修俱佳,惜今其对景无足可观;再西,入"又一村"门洞为留园北部。此部东侧旧有建筑一组,供宾客所居,毁于抗战中;西侧原种植时鲜果蔬、饲养家禽,充满农家情趣,营造田园景色。现辟为盆景区,园貌平平。

由北部西端南转,则入全园西部。此区以山林野趣为主,积土为阜,间列黄石,漫山枫林,秋色佳丽;与中部隔以云墙,红叶高出,望若云霞,为中部极好借景(图2-2-10)。作为全园最高处,上原有三亭可远眺,现余"舒啸"、"至乐"二亭,旧日可近望西园,远眺虎丘,惜今日被挡(图2-2-11)。山南有屈曲谷道,但与假山关系不够密切;南部有"射圃"草地和"缘溪行"长廊,相对平淡。山南溪流一湾,水榭"活泼泼地"跨溪之上,北转而与中部相邻。

图2-2-10 西部土山之上的中部借景　　　　　　　　　图2-2-11 西部山亭小景

总体评价

留园是又一座声名卓著的江南名园，规模之大、景域之丰较为突出，而其建筑之精丽多姿、院落之曲折玲珑，更是居江南园林之冠。尤其是入口一区的序列组合、东部庭院的层次变化为空间奇巧之最。如果说拙政园尚能存留一定明代造园遗意，以开阔水景的自然风貌为特色，留园则体现了晚清时期苏州园林的突出成就：以建筑手段营造丰富变化的空间景致。

今日留园山池主景一区，较之东部庭园部分显得相对失色，这固然有假山经历代毁圮添改而原貌受损的原因，也与近世修复中未能复现一些重点构思相关。尤其是东北部一段曲廊的缺失，使得静谧水院的巧思完全无法令人体会，也使得原先优雅书屋失却小庭而顿显难堪。近年一些古典园林的修复中，往往因无依据的添改而使历史面貌失真，这里的问题则相反，其受损有据可查却未得到修复而使历史园貌缺失，也是值得注意的方面。

第三节　苏州网师园

沿革概况

网师园位于苏州城东南阔家头巷，其前身传为南宋史正志"万卷堂"故址，当时称"渔隐"，后荒废。今园中尚存八百年树龄古柏，池南又有"槃涧"二字石刻，传系宋时旧物。今日园貌相关营造，则要从清中期开始。

乾隆年间，官至光禄少卿的宋宗元在此建构别业，取旧时渔隐之意，又取园北王思巷谐音，而名此园为"网师园"，至迟在乾隆十六年（1751）已建成定名，又称"网师小筑"，此名今日尚存于入园门洞额上。园中有十二景，今日"濯缨水阁"、"小山丛桂轩"已在其中。宋宗元去世后，家世败落，园亦衰颓。

至迟在乾隆五十九年（1794），富商瞿远村购得此园，在旧园基础上加以整治，成为苏州数一数二的名园。仍用网师园名，俗称"瞿园"。园中有八景，除主堂"梅花铁石山房"外均存留至今。园中主水面约呈东西长向，旧有水门仍然保留。此后园中诗文唱和，盛极一时。道光十八年（1837）或稍前，园又归天都吴氏。太平天国之役，此园幸存，战后曾作临时县衙所在。

光绪二年（1876），园归江苏按察使李鸿裔，以园位于苏舜钦沧浪亭东邻而易园名为"苏邻园"，后又名"蘧园"以同"瞿园"谐音，与"留园"同之前"刘园"谐音用意相同。李鸿裔对此园的一个重要改动，是将原先东部水面及周边建筑（如主堂"梅花铁石山房"等）毁去，代之以新

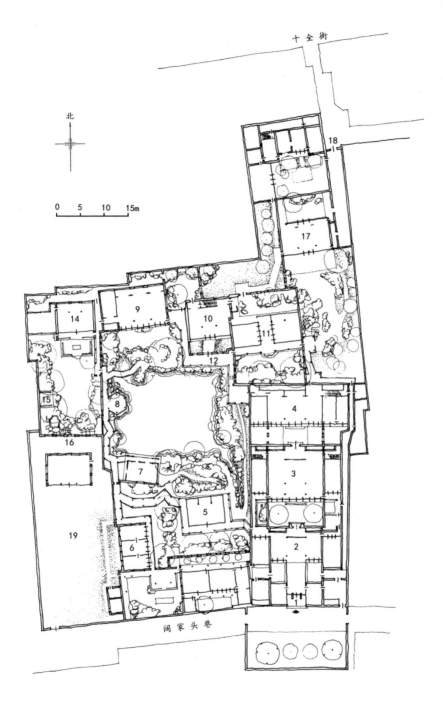

1 大门　2 轿厅　3 万卷堂　4 撷秀楼　5 小山丛桂轩　6 蹈和馆　7 濯缨水阁　8 月到风来亭
9 看松读画轩　10 集虚斋　11 楼上读画楼，楼下五峰书屋　12 竹外一枝轩　13 射鸭廊　14 殿春簃
15 冷泉亭　16 涵碧泉　17 梯云室　18 网师园后门　19 苗圃

图2-3-1　网师园平面图

盖的一片三进院落高楼豪宅；此外水门亦封，西侧水面改为庭院。之前园中水面为东西长向，曾为怡园所模仿，经此变动，池面大为缩减。

此后园林虽又屡易主，而园林主景基本未变。光绪三十三年（1907），园归退官吉林将军达桂；1917年，园归杭县张锡銮，更名"逸园"。1932年，画家张善子、张大千兄弟与张锡銮之子张师黄交游，来住园中。张善子善画虎，遂在殿春簃养一乳虎，一时传为佳话；今园中尚有张大千书此虎墓碑。1940年收藏家何澄从张师黄手中买下逸园，恢复原名网师园。1950年，何家将园捐与国家，后得到整修开放。

今日网师园呈东宅西园格局，共约九亩，其中园林部分约五亩（图2-3-1）。

主池景区

网师园以主池一区为主要园景，水景为主，表达"网师"、"渔隐"主题。"彩霞池"面积约半亩余，略呈方形，水面聚而不分，仅东南和西北两角伸出水湾。池中不植莲藻，而倒映天光山色、廊屋树影，使园景空间显出空阔。黄石池岸，多呈滩、矶曲折。廊屋树石，以水面为核心而进退环绕。现在的主池之景，因旧日"梅花铁石山房"主堂不存，没有了其他园林中常见的明确主景序列；又以区域小而亭榭多，旷池之上的视线可交错而通达，从而造成各角度方向的各种自由丰富的赏景视点与画面。

因昔时临水主堂缺失，今日池东北方的"看松读画轩"成为相对主要的厅堂，但不临水，屋水之间有黄石牡丹花坛，并有松柏苍翠劲秀，略成疏朗山林；其前又有石矶贴水、曲桥跨湾，可近赏水态（图2-3-2）。此处隔水相对的主体景致为池南西侧的"云冈"假山，体量不大而崚嶒峻峭、起伏有势，其上青枫玉兰等花木亦绰约多姿，又有一屋隐约于其后；山东侧水面，隔小桥南流，深远不尽。看松读画轩之东有"集虚斋"楼阁，为全园的制高点可俯瞰池景，楼前临水增设低矮的宽廊"竹外一枝轩"作为与池面之间的隔断过渡，从而减弱了大体量对主景面的不利影响。

图2-3-2 "看松读画轩"退于后侧

　　看松读画轩隔池南向正对的，是凌于水上、小巧优美的"濯缨水阁"，因其北向而成为夏日凭栏、纳凉观鱼的好去处，又兼作园中的水上舞台，可在此拍曲唱戏，别具情趣。在此北望，看松读画轩前的水矶曲梁、丛花矮篱、古柏高松，又称为极佳画面，而池西水亭则又形成中景层次。水阁之东正是黄石假山，危崖峭壁，可作扑面近赏。山虽占地不大，磴道盘旋、洞府曲折，均楚楚有致，可攀越成趣（图2-3-3）。

　　濯缨水阁西侧，靠西墙有南北向曲廊名"樵风径"，廊壁之间为竹石小景，又有上下起伏而成爬山廊，由南侧通道引入池区而豁然开朗，并延至池西北部。池廊之侧有六角亭高挑于池面之上，名"月到风来"，因其位置与形态而成为全园建筑的焦点所在，同时也是全园品赏池景的最佳处，除畅观池周之景外，尤以秋日凭栏赏月光波影为妙趣，亦是看戏听曲的佳座。亭西廊壁设明镜，可幻出更广阔园池之景（图2-3-4）。

　　月到风来亭所对池东之景，却相对薄弱，主要原因是紧邻高大住宅的山面，成为较难处理的背景。北部"射鸭廊"半亭，以曲廊与北岸东侧的

图2-3-3 "濯缨水阁"及旁黄石假山

图2-3-4 池西水畔亭廊

竹外一枝轩相连，东通宅后小院，作为宅、池间过渡尚得体（图2-3-5）。亭南沿墙小径与池岸间所叠小山，略有与南山云冈相连之势，但进深过小而显得过于单薄，体形也不甚佳。其后高墙之上，运用增添水平线脚与假漏窗的手法，略为弥补大片墙面暴露于园中的缺憾。而彩霞池沿东岸南向小涧延伸，不尽之意，颇有妙趣。其上拱桥名"引静"，其小巧在现存江南园林中仅次于常州近园小拱桥，而精致过之；涧之南端有"待潮"小闸，亦精雅古朴（图2-3-6）。

其他园景

网师园中丰富多变园景的形成，还在于主景区周围一些精彩的院落空间，不仅是营造出的各自相对独立的多样庭景，更是通过层次渗透而对主池景区的效果大大加强。

在主池区之南，"小山丛桂轩"（又名"道古轩"）与"蹈和馆"、"琴室"为一区居住宴聚用的小庭院。从住宅轿厅入园后先至小山丛桂轩，旧日主堂取消后此处为全园主厅，为四面厅形式，其前有花木峰石，

图2-3-5　池东"射鸭廊"与池畔小山

图2-3-6 池东南小涧及"引静桥"

其后云冈石壁当窗,坐轩中如在岩壑间(图2-3-7)。此屋作为主池区的假山后背景,同时池景又可从岩旁树隙依稀透露于此厅内。蹈和馆、琴室位轩西,各有山石对景,小院回廊,曲折宛转,山石丛错。院西北侧,以低小晦暗的曲廊而达"樵风径",池水荡漾,顿然开朗(图2-3-8)。此南部与主池区既隔又通,在池北望之成深度丰富的背景。

主池北侧亦有视线层次深度,如竹外一枝轩与集虚斋之间有门洞院落,其西与看松读画轩之间的廊北有门洞可通后部小庭,而射鸭廊东侧又有门洞、漏窗与东北"五峰书屋"前院落相通。此外,看松读画轩、集虚斋、五峰书屋之北又有后部小庭,花木、石峰构成院景,游者至此又如新的多样景域,感受更觉多样(图2-3-9)。

池西北侧,折桥通至"潭西渔隐"门洞,不仅是极好的园景层次之处,其内更是全园最突出的庭园别景所在。书房"殿春簃"小轩三间,拖一复室,屋后隙地,竹石梅蕉,对窗成景。屋前月台,广庭花街铺地,庭前三面沿墙叠石立峰,西南隅设一"涵碧泉"小潭,成水陆对比。其旁

图2-3-7 "小山丛桂轩"及前花木峰石

图2-3-8 "樵风径"连通南部与主池区

图2-3-9 "集虚斋"后门洞景观层次

"冷泉亭",其内陈设灵璧石,却与一般亭中作为观景处而非设景处的做法相违(图2-3-10)。

园的东北一侧,住宅之后,五峰书屋自成庭院一区,亦有前后庭景,尤其南庭有湖石厅山之景,神似庐山五老峰,与留园"五峰仙馆"用意相似;后庭赏夏景为主,点缀花石,幽静闲适。书屋为楼,自身不设楼梯,以集虚斋楼梯上下,又可自室外"梯云"假山登楼。其东梯云室庭院为现代扩建,有花木扶疏、峰石小景,但总体而言相对空旷平淡(图2-3-11)。

总体评价

网师园为清中后期苏州中小型园林的杰出作品,以水为主,主题突出,水岸巧妙,似弥漫无尽。主要以建筑手段取得与山水的丰富关系效果,进退有致,尺度恰当,小巧精雅,景象丰富。又有诸多小庭周列,关联渗透,层次多样,迂回不尽。

今日网师园也并非毫无瑕疵,主要是东南大宅高墙紧邻,与园景颇不

图2-3-10 "殿春簃"前庭景

图2-3-11 东部"梯云室"庭景

协调；而主景区内缺少主堂这一最重要观景场所，也使得其布局存在着江南园林中典型主景构成的缺失。究其原因，是清末光绪年间旧园东部被改为住宅所致，可以想见当年园林风致更佳。而今日对现存古典造园艺术的整体认识，尚须综合考察历史变动带来的影响。

第四节 苏州沧浪亭

沿革概况

沧浪亭在苏州城南、府文庙之东，现存苏州园林中创建年代最早。五代时，曾是吴越王近戚孙承佑的池馆所在。北宋庆历五年（1045）夏，苏舜钦遭贬后流寓吴中，见孙氏旧园遗址高爽静僻、野水萦洄，有别于城中其他地方景致，以四万钱买下，并在水旁筑亭，取《楚辞·渔父》"沧浪之水"寓意为寄托，名"沧浪亭"，自号"沧浪翁"，并作《沧浪亭记》，其友欧阳修又作《沧浪亭诗》，此园更随诗文而传颂一时。从此，该园与苏舜钦一道广为后世推崇，如清代李鸿裔得网师园，因地近沧浪亭而自号"苏邻"，并改园名为"苏邻园"，可见一斑。

沧浪亭建成后不到四年，苏舜钦逝世，园归章、龚二氏。南宋绍兴年初，抗金名将韩世忠曾园居于此，大加扩建。元代，沧浪亭废为僧居，从此再不属私家园林，园景长期荒废。明嘉靖年间，大云庵僧释文瑛在庵边复建沧浪亭，归有光曾作记。

清康熙三十五年（1696），江苏巡抚宋荦见此名园颓败，乃重修，将原临水之沧浪亭移于土山之上，并建厅堂轩廊、造入口石桥，大致奠定今日沧浪亭格局基础，但规模已远逊宋代。康熙皇帝南巡，曾四度前来游览。康熙五十八年（1719），巡抚吴存礼又重修，增建御碑亭等。乾隆年间，《浮生六记》作者沈复曾寓居园中。道光七年（1827）巡抚陶澍、布政使梁章钜再修，建五百名贤祠、梁高士祠等。官方修园后，此园是作为公共祠园面目出现。

咸丰十年(1860)，沧浪亭毁于太平天国之役，园中一屋无存、尽为丘墟。同治十二年(1873)，巡抚张树声再度重修，建亭原址，廊轩复旧，且有新辟，如在山亭之南增建明道堂等。此次重修的沧浪亭园林建筑，大多得以保存，形成今天的园林风貌。1927年，此园成为苏州美术学校校舍，校长颜文樑主持重修沧浪亭，园东部建成西洋式校舍，当时成为新潮，但今日仍有不协调之憾。抗日战争时期，此园被日军占驻，遭严重破坏；1953年，政府整修此园，成今日园貌。

园址面积约十六亩，大致成北部山林、水廊的主景区，与南部祠馆为主的院落区（图2-4-1）。

北部主景

沧浪亭有一与其他苏州园林迥异特色，即对外开放性：园中有廊亭向外面水，未入园中而可先得园景，而与一般园林高墙围绕、自成丘壑的封闭形象判然有别（图2-4-2）。经"沧浪胜迹"石坊，过平桥而南入园门，在门屋廊下沿东墙北转，即可到水畔复廊，内外景色以中墙漏窗相渗透。东至水榭，名"面水轩"，四面开窗，东、北两侧临水，即是以园外水景为主题。再沿弯曲复廊自南而东，两侧可行，尽头有一座突入水中的方亭"观鱼处"，亲水虚临。今日沧浪亭园内无大片池面，"沧浪"主题所需的主要水景便是面向园外借景而得；同时从园外对岸看来，园林顿有开放性格，成其特色。这一特色形成的原因有二：一是在园林历史上，原先园址要大得多，现在外临的水面曾是园内一部分，早先其实仍是园内临池，在经历变迁、园被分割后才成为朝向园外；二是在园林性质上，长期以来已成公共园林，开放性成为适当要求。

沧浪亭的另一个鲜明特色是以一座大型土阜假山为其园内主景。江南园林多以水池为组织园景的中心，此园旧日亦然，但自从园林分割、池成园外之后，便以山景为核心主体。一入园门，山林景象隆然而起，东西长向，土山为主，周以叠石，磴道沿坡（图2-4-3）。东段黄石较早，西段湖

图2-4-1 沧浪亭平面图

图2-4-2 园周亭廊面水

图2-4-3 门内即见山

石晚期补缀，相对杂芜。山上林木葱郁，箬竹丛生，景色自然，颇具苍古氛围，置身其间，如在真山野林。山林野趣之胜，在苏州各园中可称第一。

东段山上，石柱方亭，形制古朴，即全园主题所在之"沧浪亭"，有联为"清风明月本无价，近水远山皆有情"，以当年初建时诗句点出景意（图2-4-4）。自清初将此亭位置从水畔移至山上，水景主题稍弱，而山景所得加强，不但可坐享山林之趣，旧日还可远眺城外诸山。

山阜西侧以南，有一小池，为园中与山林成对比的渊潭景

图2-4-4 方亭据于山巅

象,可自西、南二侧廊中俯视水影(图2-4-5)。潭东、北以小径与山相隔,山水相依效果相对较弱。

园内山池周围,基本以廊周绕(图2-4-6)。其中北部岸边为复廊,前已有述,中设漏窗,外水、内山互可成景。而其他山旁曲廊,随坡起伏,也多设漏窗,纹饰优美,又称"花窗",造型各异,全园有上百处而无一雷同,品类为苏州诸园冠,为沧浪亭另一特色(图2-4-7)。假山东西两端,沿墙廊中各有半亭相对,西侧方形"御碑亭",有康熙帝御书碑刻,东侧六角半亭内亦有乾隆十二年(1747)御碑刻石,两亭中各可近观山景,而层次不同。

其他园景

主山以南,轩馆繁密,与江南园林中常见的山水另侧多设建筑以观主景不同,沧浪亭南部的建筑基本各自成区,而与山林主景关系较弱,这与

图2-4-5 山阜西南小池

图2-4-6 曲廊绕山

图2-4-7 廊侧丰富多样的窗、洞形式

历史上变异较大、公共园林活动要求多样相关。

"明道堂"是山南主厅，四向敞亮，北向有台可北观山景，是南部唯一观主景建筑，与山上沧浪之亭大致相对（图2-4-8）。而其南有广庭，两侧回廊与南面的"瑶华境界"相连而成四合院落，中植梅树、梧桐各两株，明快爽朗。此华整庭院与园林氛围迥异，旧日北堂讲学、南轩观戏，公共活动为主，园林观景其次了。

明道堂西，隔小院有一组建筑。北侧为"清香馆"，朝北半月形院落，桂树数株，秋日香气浓郁；院外即廊，院墙漏窗，渗入主山之景。清香馆南侧隔一天井狭隙相背对的，为"五百名贤祠"，中间三楹壁间嵌有一百二十五方、自周代至清末近六百位与本地相关名人刻像，为本地敬仰先贤的纪念活动所在。祠前院落，前为竹林，东侧院墙月洞门对明道堂西廊墙，西侧廊中为六角半亭名"仰止亭"，壁上嵌有文徵明画像石刻，走廊壁上有清代名士在沧浪亭行乐图石刻（图2-4-9）。与明道堂院落相比，此院设东、西不对称的半廊、半亭及穿厅、粉墙的组合，联系形式更为

图2-4-8 明道堂北向有台可观山景

自由。

由仰止亭沿廊折南，竹丛中有小馆"翠玲珑"，取自苏舜钦"日光穿竹翠玲珑"诗句。此屋成曲尺三折，宽窄不一，进深不等，空间体验丰富灵活，又有窗形槅棂多变，日光竹影成趣，为苏州园林小屋妙品（图2-4-10）。

再南为"看山楼"，高出林木，其名可知用以远眺借景。自明道堂、五百名贤祠建后，原先主山亭中的西南视野被挡，筑此楼以为补救，可见远山之景对于旧日园林的重要（图2-4-11）。惜今日远景又塞，看山之意再失。看山楼下一层，砌为石室，名"印心石屋"，内置石几、石凳，外以叠石围合，幽奇异常，是园中别出心裁的小境。

除南部这些祠院楼舍外，主山东南，又有"闻妙香室"，西接"见心书屋"，天井桂树、屋外梅花，成幽僻小院；主山西北、园门西侧，又有"锄月轩"、"藕花水榭"小庭，北临水畔，中有花石，廊、窗环绕，幽僻略似网师园殿春簃小院。

图2-4-9　五百名贤祠前仰止亭

图2-4-10 竹丛围绕、体验丰富的翠玲珑

总体评价

沧浪亭虽在苏州最为悠久，但今日除位置尚在、园名如一、局部山水关系存留外，园景与宋时面貌几乎毫无关系，不仅园址大为缩减、水景从园内变成园外、主亭从水畔换至山上，也因园林性质从私园而为寺园，又为公共祠园，从而园景意趣也大为改变。至于园中建筑，更是全为晚清以来所造，难称古旧。

然而即便如此，沧浪亭的历史魅力却从未失色，园林因苏舜钦之名，历来为苏州士人所重，虽经兴废更迭、屡屡重修，尽管园貌变化、形制改异，其被赋予的历史意义寄托却越发深重。这种超出园林现实面貌之外的深沉历史情感价值，正是沧浪亭更为珍贵的意义所在。

而就园景本身而言，历经变迁的沧浪亭也有着自身的鲜明特色，园外透景呈现独特风格，复廊漏窗也成他园争相汲取的典范，而其山丘古木苍郁森然，建筑朴实简雅别具风格，呈现出饱经沧桑的城市山林气氛，更是他园难以企及的宝贵历史积淀。

图2-4-11 看山楼上可远眺借景

第五节　苏州狮子林

沿革概况

狮子林位于苏州城内东北，邻近拙政园，是江南现存唯一始建于元代的园林。元至正二年（1342），一代高僧天如惟则禅师（1286—1354）居苏州，其门人为其建庵，寺园合一，名"菩提正宗寺"，亦称"狮子林"，得名缘由，一是因园中多怪石如狮子形状；二是为了纪念维则之师中峰明本倡道于浙江天目山"狮子岩"，强调衣钵相传的师承关系；三是暗寓佛经中佛陀说法称"狮子吼"，其座称"狮子座"之意。起初其地不过十余亩，以独特的山林景象著称：土山之上列有大量石峰，有五峰特立，最高的名"狮子峰"；山后及左右，植大片竹林；建筑不多，山前山上，结合环境布置。元末明初，狮子林为苏州著名景点，诸多文人前来游赏雅集，赋诗作记，且有绘图。明洪武六年（1373），大画家倪瓒绘《狮子林图》，洪武七年（1374），画家徐贲又绘《狮子林图》十二幅，均留存至今。至于倪瓒参与造园之说，则是清代才开始出现的谬传。

明嘉靖年间，狮子林一度被豪家占为私园。万历十七年（1589），明性和尚恢复"狮子林圣恩寺"，长洲知县江盈科为其建山门佛殿，原先奇峰林立之处成为寺后花园，从而寺园相分。清康熙年间，花园部分为吴郡张士俊所有，此时园中有八景，假山上石峰林立，仍保持早期状况，但山中增加了很多洞壑，游山路线变得迂回曲折。

乾隆初，花园归状元黄轩之父黄兴祖，改称"涉园"，又名"五松园"，大为扩建整修，增加假山西侧大片池面。乾隆年间，弘历六下江南，六次驾幸狮子林，题匾三次，留诗十首，摹倪图三幅，又在北京圆明园、承德避暑山庄仿建狮子林两处，题诗近百首，可见其爱深切。

咸丰年间，此园遭战乱毁坏，此后园渐荒芜，至光绪中叶，园中木石变卖，亭台坍圮大半。民国六年（1917），富商贝润生购入狮子林，大为修缮。整理峰石，复建亭轩，扩展园区，增西部假山，成今日园貌。在园东南，又建族学、修家庙。此工程浩大，费八十万银元，前后历时九载，方才竣工。1953年贝氏后人将园捐献给国家后，向游人开放。

今日狮子林全园面积约十五亩，含祠堂、住宅与花园三个部分，这里仅就园林部分进行赏析，其格局大致可分主体山池区和东、北两侧庭园区（图2-5-1）。

山池主景

就狮子林的山池景区而言，又大体可分为东部大假山区、中部主池面区、西部假山区、南部后池区。东部庭院相通，北部亭轩相对，西、南周绕曲廊。

东部大假山为元代狮子林遗存所在，是名望集中的全园核心精华。此山由北侧两层"指柏轩"作为主厅相对，南有"卧云室"在山上（图2-5-2），而指柏轩与假山之间，有方池相隔，其上曲桥（图2-5-3）。这些构成了一条明晰的对称轴线序列，在现存江南园林中非常罕见。假山之上，石峰林立，犹是元代初建时怪石如狮、姿态各异之景象，而当年尤为突出的五峰仍依稀可辨（图2-5-4）。不过假山下部已经不是如原初般全是土山，至清初已大量改为奇巧山洞，现全山（含谷涧西侧）共有21个洞口、9条山径、25座小桥，迂曲多趣，宛若迷宫，在诸多江南园林假山石洞中最为复杂多变。对此假山的评价，自乾隆时的沈复以来，常有较多批评，以为其罗列琐碎而少真山意趣，当代学者常以为这是历史上不当改造的后果。但事实上，尽管下部有改筑，上部林立的峰石仍大致为元时风貌，产生贬斥的原因，除了土山被改而减弱山林氛围、增辟山洞而迎合世俗趣味，更重要的

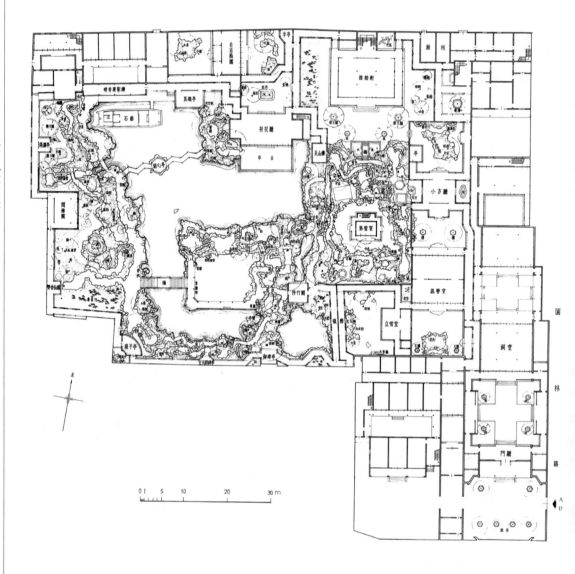

图2-5-1 狮子林平面图

是晚明以来假山欣赏方式的变化，张南垣等提倡的以画意为宗旨的截溪断谷式假山渐成欣赏主流，而以往以立峰为主要叠山方式常被否定。懂得了园林审美的历史变迁所带来的观念变化，便可更好理解这座唯一明代以前叠山遗存的历史价值。

跨谷涧而西，大假山似有一脉延伸入西部大池，这是清代修建部分，延续东部假山风格而品质稍逊，成为中部山池主景。北部隔宽阔水面，"荷花厅"为主厅相对，其前有宽广平台可作休憩畅观。荷花厅东侧有"见山楼"，既可近赏东南假山，亦可西眺西部山池（图2-5-5）。池水沿东岸南延而成溪涧，划分假山而又汇入南池，假山南侧跨涧有"修竹阁"，为从北部视点的山后背景。

荷花厅以西，池岸北凹，北岸有"真趣亭"、"暗香疏影楼"、"石舫"一组密集建筑（图2-5-6）。其中民国年间所建石舫，位置较为壅塞，

图2-5-2　由指柏轩南望山上卧云室

图2-5-3 假山北侧轴线上的方池与曲桥

图2-5-4 石峰林立的大假山

图2-5-5 池西远观荷花厅与见山楼

而水泥结构、西洋风味，又与全园风格颇不协调。这里作为被观对象不够理想，但作为赏景场所却是全园佳处（图2-5-7）。从这一带南望，水景较有层次，前有"湖心亭"与曲桥，后有石拱小桥，远处亭廊高树为背景；又左前侧石假山横延而至水中，右前侧坡麓延向远处，都有较好景象可观。其前水中湖心亭也是赏景妙处，可四顾畅观，只是东西曲桥刻意九曲反而显出板滞。

池西岸又筑假山，但与东部石峰林立、洞壑蟠曲不同，是以土山为

图2-5-6 北岸密集建筑及前湖心亭与曲桥

图2-5-7　北楼南望的水景层次

主,叠石护坡,但琐碎不佳。总体而言,此山是晚明以来主流追求的平岗小坂、山麓一角的立意,与东部早期立峰欣赏为主形成时代性的风格差异,且土山上林木葱郁,确实更有山林风味。山上"问梅阁"为主体建筑,隔池遥对东部大假山为对景。阁顶有水柜蓄水,形成人工瀑布,沿湖石涧谷三迭而下而入池,为苏州园林孤例(图2-5-8)。湖心亭中有"观瀑"之额,是赏此瀑最佳视点。瀑布北侧沿墙廊中有"飞瀑亭",有额曰"听涛",为品赏声景佳例。

园中西、南两侧,沿园墙周绕游廊,高低起伏,亭阁相连。西侧飞瀑亭、问梅阁外,西南角"扇子亭",居于高处,眺视山池。其西北为"双香仙馆",东面为两个半亭:"文天祥诗碑亭"和"御碑亭",均傍墙而以廊连接。长廊及三亭之下,池水一潭,为主山之南的后池(图2-5-9)。池北有紫藤花架折北,与东西向跨水的拱桥相连,为另一游径。池东近修

图2-5-8 池西岸假山上的飞瀑

竹阁为"小赤壁",黄石小山,拱状跨水,仿天然石壁溶洞形状,藤蔓纷披,古朴自然。在东部湖石立峰、西部土山涧瀑之外,园中又添另一种叠山胜景(图2-5-10)。而修竹阁南长廊环池,构成一个清幽水院,为主池开阔、假山纷呈之外的又一种园林情趣。

其他庭景

在自园门而进入山池主景区之前,先要经过东部的一些庭园小景,成为颇有特色的过渡引导。首先为"燕誉堂",为三间鸳鸯厅,作为接待场所,陈设华贵。前庭方正,粉墙为背,花台石笋,玉兰夹峙,为静观佳景。

燕誉堂后为"小方厅",前出抱厦,形态别致,低矮轻灵,四周皆空,漏窗框景。其后庭中花坛,叠湖石成"九狮峰",可与园中主山的诸多狮形石峰相呼应,而以"九狮"为主题的叠山,也在清代以来江南园林中所常见(图2-5-11)。峰后粉墙漏窗,分别塑琴、棋、书、画图案。再北面又是黄杨花坛小院,围以曲廊,淡雅幽深。这一连串庭园组景,层层院落,步步展开,前后相透,层次深远。各处庭院有西侧洞门,即进入主山景区。

从燕誉堂前廊而西,又有"立雪堂"小院。堂坐东朝西,对峰石小

图2-5-9　南墙亭廊面对清幽水院

图2-5-10　修竹阁旁小赤壁假山拱状跨水

图2-5-11 小方厅后九狮峰

景,以似有生命活力的动物石形为特色,与狮形峰石欣赏意趣类似。庭周墙廊相异,界面不同,又有竹木成荫,是一幽僻之处。石后西侧为复廊,中为漏窗隔墙,两侧各为六角、圆形窗洞,虽有特色,但框景差异不大而同类洞口过多,不如沧浪亭等复廊两侧为空来得轻快。廊西为修竹阁南水院,进入山池主景之区。

在主景山池北侧的建筑群落中,倚北园墙有"古五松园"为园中之园。此为乾隆初年间花园旧名,因旧日园中有大松五株,今不存。中有三开间东西向小轩,前后有小院。前院东、南两面有廊,东北角有半亭,其旁东墙辟门,从指柏轩往西可入。庭中石峰散立,清静古朴,别有幽趣。

总体评价

狮子林创园之早，在现存江南名园中仅次于苏州沧浪亭与绍兴沈园，而今日沧浪亭园貌为清代奠定，沈园中仅些许宋代遗迹，主景为当代重建，只有狮子林中大量保留了建园之初的假山景象，至今仍是全园精华主景所在。狮子林的这一假山遗存，对于认识早期造园叠山极有价值，其上石峰林立景象，正是自唐代白居易《太湖石记》，一直到明代中后期（如最著名的王世贞"弇山园"），所普遍流行的叠山方式，与晚明以来的主流欣赏方式并不相同，留存已不多见。

狮子林面貌在历史上变化巨大，这与其性质改变也密切相关。与沧浪亭是从私园转为寺园（后又成公共祠园）、范围缩减的命运相反，狮子林是从佛寺园林转变为私家园林、园址扩大。尽管基本造园方法并不因园林归属而改易，但园林气质的变化是明显的，早期寺园的清净淡朴、"出尘幽胜"，至近代成商人园林则崇尚奢丽，甚至引入西洋样式，传统园林境界氛围大为受损。近代苏州诸园受时代侵染而变异，以此园为最甚。

就总体园景而言，今日狮子林景致丰富，有多样境界营造，但假山主景偏于一侧，全园大体由三组南北向视线序列组织，重心不突出，池面虽大而中心感不强，其建筑风格糅杂，尺度较欠斟酌，各处细部与网师园、留园等苏州他园相比，缺乏精细推敲。但因大假山遗存之故，仍特色明显、名望卓著。

第六节　苏州环秀山庄

沿革概况

环秀山庄位于苏州城中景德路。此地归属，史上变动较大，屡有分合，记载纷而有异，略而不清。约略而言，这一带曾有五代时广陵王钱氏"金谷园"、宋代朱文长"乐圃"，元明间又陆续属寺庙（景德寺）、书院（学道书院）、官衙（兵巡道衙门）等。明万历年间，首辅申时行致仕后于此筑宅园，有"赐闲堂"；其孙申继揆改为"蘧园"，建有"来青阁"，养鹤作伴。

清乾隆初年间，曾任刑部员外郎的蒋楫居此，翻修旧园，叠山凿池，得清泉，名"飞雪"，这是今日此园山水格局的雏形。不久，尚书毕沅得此园，略有改筑，为退息之所。毕沅于嘉庆二年去世后，家产被查抄入官。

嘉庆十二年（1802）前后，富于收藏、精通绘篆的孙均（字古云，大学士孙士毅之孙，曾袭祖荫伯爵）侨寓吴门，得此园后，邀请一代造园叠山大师、常州人戈裕良，重构园林，叠石为山，成今日园林主体山水景象。

道光二十九年（1849），此处宅园被工部郎中汪藻、吏部主事汪坤购得，建宗祠、耕荫义庄，东偏园林部分名"颐园"，俗呼"汪园"、"汪义庄"，其中主堂名"环秀山庄"，成为今日园名来源。除假山外，又建"问泉亭"、"补秋舫"等，疏飞雪泉，并作瀑布之观。

咸丰十年太平天国之役，宅厅被拆，假山也略有所毁伤。光绪二十四年（1898）加以修葺，但西北瀑布水已不流。其后园林渐遭颓毁，建筑多被拆卖，至新中国成立初期，仅存大假山和补秋舫，面积不足两亩。20世纪50年代曾作局部整修，但"文革"中园内建厂房，古木又遭砍伐，假山上的三棵古树枯死，名园面目全非。20世纪80年代全面修复，重建亭轩。

今日环秀山庄占地约3亩，前堂后园，以北部大假山为主要园景（图2-6-1）。

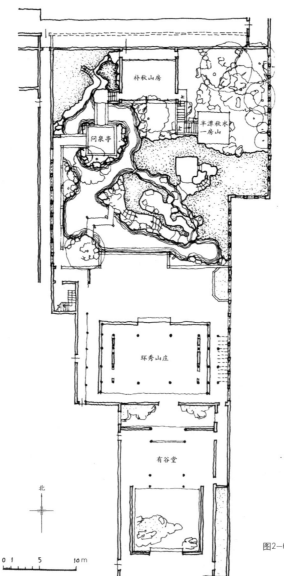

图2-6-1　环秀山庄平面图

假山主景

环秀山庄以湖石大假山为全园主景，而以池景为辅。在面积局促的后园之中，石山占地仅约半亩，东侧靠墙，西、南绕水，南有四面厅"环秀山庄"以平台临水相对（图2-6-2），北有亭轩近赏。山西北池面有岛亭，隔水西北隅又有次山贴于墙角，临池作石壁，与主山相呼应，有飞瀑而下。东北部则为平岗短阜，与主山相连。

主山以小块湖石叠成，而成浑然整体；细品之下，又觉层次分明。南北向一道山涧，将全山分为前后二部；后山从内涧处又引入东西向山谷，又成相分层次（图2-6-3）。全山虽总体三分，主次分明，却气势连绵，自东而西，山脉奔注，忽止于池边，为悬岩峭壁。在外观上，雄奇峭拔，又有灵活变化，西南主峰高出水面七米，三个较低次峰环卫。山中则空灵幽

图2-6-2　主厅之北所对假山全景

图2-6-3 南北向山涧与东西向山谷将全山大体三分

深,洞谷屈曲有十二米之长(图2-6-4);幽谷之中,主峰下涵石洞,次峰内有石室(图2-6-5),洞上则以飞梁、拱石相跨。

依随山势,游径盘迂。自西南池上平桥三曲,至峭壁下临池小路,贴崖壁东行,磴道起伏,至一谷口,顿置婉转。北弯而入山涧,跨水而进主洞(图2-6-6),顶如天然垂拱,壁有孔以透光。穿洞而出则至谷涧中部,如在深山大壑之底,仰观峭壁森然对峙,俯瞰幽潭曲远而流。踏步石而跨窄涧,磴道而上,左有山内石室可供休息。循谷右转,过凌空跨涧石梁,至主峰下山顶台地,可供停留小憩、作远眺俯瞰之赏。转而渡北侧飞梁,则渐入后山,缓坡土阜,与之前奇险陡峭、山石嶙峋之境又判然有别,又至亭廊可作近观静赏。

图2-6-4 南北向山洞及其内山洞，其上石梁

图2-6-5 东西向山谷而上旁有石室

图2-6-6 山径由池畔转入谷洞

假山的细节亦有诸多可赏之处。山石堆叠,以大块竖石为骨,小石缀补,脉理自然,以体势组合,无琐碎之弊;灰浆隐于缝内,纹理衔接巧妙,不露人工痕迹,犹如浑然天成。山洞营造,采用拱、穹结构,犹如喀斯特溶洞,逼真而又坚固,正如戈裕良本人所说,"只将大小石钩带联络如造环桥法,可以千年不坏,要如真山洞壑一般",以此而远优于一般条石洞顶,是假山营造技术的巨大飞跃。此外,石山之中又有留土植树,精设位置,增助山势(图2-6-7)。

其他营造

对大假山主景的欣赏,园中还通过一些建筑物的营造布置来实现。假山东北侧余脉岗阜之上,山石林莽间筑一小亭,名为"半潭秋水一房山",周围古木成荫,亭中可近赏峰峦(图2-6-8)。其东小廊折北,"补

图2-6-7 主峰及临水石壁上一松

图2-6-8　问泉亭所对假山东北余脉岗阜及其上小亭

秋山房"（又名"补秋舫"）横卧北端，隔水正对假山主峰，与池南主厅遥相呼应，为观山中之景的极佳位置。山房西南，池中小岛有"问泉亭"（图2-6-9），西、北二桥上皆建廊相连，此亭对山中谷涧，可细品深远层次，亦可近观山景皴形；而回首北望，石壁一隅，占地甚微，洞壑涧崖兼具，玲珑而自成一体，潭侧石壁题刻"飞雪"，正是古泉址所在（图2-6-10）。

山池西侧，为边楼和廊道，游人可以循廊欣赏山水，也可登楼俯瞰山池全貌。廊可通向问泉亭，楼则可在北端从墙隅假山上拾级而下至补秋舫。池南现为平台，四面厅北对主山，是园中远观欣赏所在。旧日在平台临池位置还建有走廊，距山近在咫尺，仰观不见峰顶，巉岩崖壁扑面而来，巨幅山景有触手可及的震撼感；而从主厅北望，也增加了一道层次。

主景区之外，环秀山庄厅南侧，隔高墙门洞还有一小院，前堂名"有谷"，其后天井窄小，略加点石，前院宽绰，有树石小景，翼以两廊及对照轩，成为现今全园入口庭院。此外，入园高墙东侧，有一"海棠亭"，从西百花巷程宅移建而来，据传为康熙间香山艺人徐振明所建，亭式如海棠，柱、材、装饰等俱以海棠为母题，体形别致，形式独特，且旧时东西两门能在出入时自行开闭，但机件损坏后无人能修，当年机巧难以复现，现成为入园一景（图2-6-11）。

总体评价

环秀山庄作为一介小园而能跻身江南名园之列，全赖于其假山营造的精妙。山景和空间变化纷繁，洞壑、涧谷、石壁、悬崖、危径、飞梁等，境界丰富，气势雄奇，从四面建筑观赏而形态多姿，随山中步径游移而变化无穷。而全山结构严密，处理精细，一石一缝，交代妥帖，不仅有远观神韵，亦有细赏情致。江南园林第一假山的赞誉，当之无愧。

从园林史的角度更可对此山乃至全园营造特点与地位有进一步理解。晚明以来，主流叠山风气从欣赏峰峦置石转变为模拟真山局部，造园叠山匠师中最著名的，要数明末清初的张南垣与嘉庆、道光年间的戈裕良二人。张氏之山，今日江南园林中可辨的仅余张南垣侄子张鉽所叠的无锡寄畅园假山，而戈裕良的作品遗存，即此环秀山庄和常熟燕园的"燕谷"，而后者规模较小，且后世损毁严重。可以看到，戈裕良作为我国造园史上最后一位杰出匠师，他的这座环秀山庄假山也成为我国造园叠山的一座顶峰。

图2-6-9 入山小桥处所见山后"补秋山房"与"问泉亭"

图2-6-10　西北隅潭侧石壁题刻"飞雪"

图2-6-11　园墙东侧"海棠亭"

第七节　苏州艺圃

沿革概况

艺圃在苏州城西北隅内的文衙弄，距繁华的阊门不远，却位置偏僻而不易达，为"隐于市"的士人园林上佳位置。

此园始建于明嘉靖末年，学宪袁祖庚受官场排挤，四十岁即罢官归隐，在此建园自居，名"醉颖堂"，门楣题为"城市山林"，正是文人园的典型追求，但园内具体景物布置不详。

万历末年，园为文徵明曾孙文震孟所有，更名"药圃"。文震孟天启二年考中状元，官至礼部左侍郎兼东阁大学士，得罪朝贵，罢归而园居。文氏家族辈有名园，文震孟之弟文震亨更著有《长物志》，为明末造园理论的杰出著作。文氏此园，布局简练开朗，中有五亩大池，池南叠山置石，高柳交映，崇祯《吴县志》称之为"西城最胜"。文震孟于崇祯九年去世，园渐荒芜。

清初顺治年间，园归山东莱阳人姜垓，亦是当时以气节著称的名士。姜为崇祯四年进士，因直言而触怒崇祯帝，几乎被杖责至死，后被流放宣州，未至戍所而明亡，与弟姜垓辗转来到苏州。姜垓不记前恨，反而自号"宣州老兵"、"敬亭山人"（因宣州以"敬亭山"闻名）而表达忠于前朝，并将园林更名为"敬亭山房"，后其子姜实节又更园名为"艺圃"，此名留存至今。因姜氏的遗民气节为人推崇，艺圃亦成当时文人活动中心，声名远播，记述颇丰。此园成为江南明代遗民的精神寄托场所，与江北的如皋冒襄水绘园一道，为清初因国覆家亡而暂陷低迷的江南士人园林文化添出些许亮色。当时艺圃以二亩方池居中，北有"念祖堂"以平台临水，南有群峰立土山之上，池西北又有曾作为园名的敬亭山房一组建筑等；其山水园景，与文氏"药圃"结构有一致之处，与今日也颇多相似，但建筑差别较大。

　　姜氏父子之后，此园败落，又屡屡易主。道光年间，园宅归绸业公所，名"七襄公所"，重加修葺，筑博雅堂、延光阁、听幽室等。民国年间，公所经济不支，租为民居，又曾被借用为中学校舍。新中国成立初曾作整修，为剧团、画社等单位使用。"文革"期间沦为工厂，惨遭破坏，水池湮没，石峰被毁。20世纪80年代再作修复，力图再现旧貌。

　　今日艺圃占地约六亩，为宅园相邻布局，园在住宅西南。园又分前部山池和后部庭院（图2-7-1）。

山池主景

　　尽管主体水面较明代为小，艺圃仍保持了"北堂—中池—南山"的基本序列格局：全园的主要建筑及院落集中于北部；中部为宽阔水池，面积一亩有余；南部为山林，辅以亭廊，沿池东西两侧延伸。山池景区建筑不多，总体布局依然如晚明药圃时期的简练开朗。

　　主景山林，旧日以土为主，山巅平台，名"朝爽台"，临池山麓，群立石峰，以"垂云峰"为最高主峰，为北堂南望的主景核心（图2-7-2）。今日山上，稍大峰石已尽数被毁，近世维修，代之以小块湖石堆成的大量叠石，原先土阜景象已被改观。不过总体而言，尚保存了许多旧时手法。如石壁下有临池石矶小径，这种将水池、石径、绝壁相结合的方法，极富天然之趣，亦见于南京瞻园、嘉定秋霞圃等较早的江南园林假山（图2-7-3）。东南山洞、西南山谷，也都有早期假山韵味。假山后部主体，仍然以土山为主，其上林木葱茏，高树广荫，颇具山林野趣，略有沧浪亭土阜风味。山巅旧日平台位置，现有与台同名的"朝爽亭"，可在此作山林静赏，亦可俯眺园池（图2-7-4）。

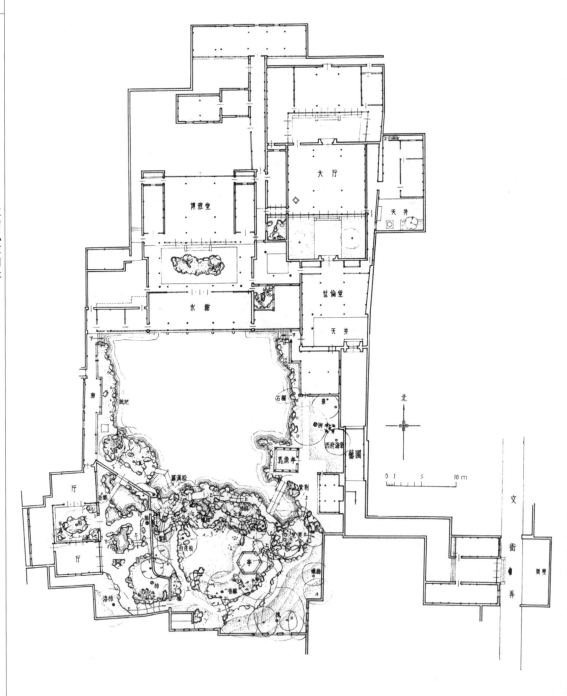

图2-7-1 艺圃平面图

图2-7-2　北侧建筑所望主体山水景象

图2-7-3　假山石壁下临池小径

图2-7-4　东侧小桥入山及山上"朝爽亭"

水池开阔明朗，一如早期特色，仅在与假山相接的东南、西南二角，伸出水湾各一，其上各架石板桥一座，隔出层次，似水脉延伸，意犹未尽。西侧曲桥低平三折，名"渡香"，见于早期园记，小巧亲切（图2-7-5）。东侧小桥，三跨微拱；北通一亭，名"乳鱼亭"，伸出池东水面，为珍贵明代遗构，古朴雅致，此处可近观山林、细赏池鱼（图2-7-6）。乳鱼亭所对池西，依岸筑有长廊，曰"响月廊"，中设半亭，可赏夜晚池中明月秀色，廊中亦可对主景山林作由远及近的动观（图2-7-7）。

池北为全园主体建筑，中为水榭"延光阁"，面宽五间，架于水上，南立面用和合窗和栏杆裙板，可开启而畅观隔池山景；两侧厢房，亦临水布置，东曰"旸谷书堂"，西曰"思敬居"，与水榭连成一体，呈一排长屋形象，长达三十多米，占满全池北沿（图2-7-8）。这一平直水岸建筑形象处理，在苏州园林中颇不寻常，对此的评价，有差异极大的正负两面，也是苏州园林中颇不常见的：贬之者认为过于平直呆板，失却江南园林曲

图2-7-5　假山西侧贴水小桥与石矶

图2-7-6 水池东岸"乳鱼亭"

图2-7-7 乳鱼亭隔池西对"响月廊"

折有致的特点;赞之者认为它构成"必要的单调",有着单纯、质朴、粗犷的乡土气息。这两种看法都是从特别关注建筑形态作用的晚近园林观念来认识的,但其实在早期园林(以及仍有相当数量的园林遗存)中,建筑的主要作用在于作为观景场所,其自身形式并不那么重要;园林中的形态关注对象是有重点的,所赏景致重在山水而不在屋舍。同样地,许多主体厅堂前有临水平台,形态平直,这也因为是作为观景位置所在,而并不追求此处的水岸曲折。而从艺圃历史来看,据清初图像与记载可知,早先是以"念祖堂"前平台临水,为常见的平直台缘池岸;至绸业公所时期,私家园林性质改变,原先文人雅集等活动的池畔平台场所,被更多的室内活动需要所替代,于是在原堂南加此水榭作为赏景主厅。这一后加的观景场所,是对旧有平直池岸的承袭,既非考虑欠妥,亦非刻意追求质朴形态。延伸开去,也可理解许多园林主景区中建筑(群)与山林隔水相望(如拙

图2-7-8 池北水榭"延光阁"

政园等），主要是人位于建筑一侧的场所进行观景的需要，而不是某种对建筑与山林两种形态隔水进行对比的形式化考虑。

其他庭景

除主体山水园景外，艺圃中还有一个内园，也颇有特色。在池南假山西侧，高墙围出小院，倚墙有石峰花木，粉墙上藤蔓垂挂（图2-7-9）。朝向水池的墙面下方开月洞门，额为"浴鸥"，入内即板桥跨水，似与大池相通，水面屈曲向内延伸，又被石、梁划分为多个层次（图2-7-10）。水畔散置湖石花木，幽雅僻静，东墙在南北各有小门，可通假山后部及侧方。此内园中西侧又置三合小院，两厅间庭院中有湖石花台，小庭面东墙上又有圆洞门，其额"芹庐"。从外园池北水榭向此处看来，越水畔树丛石隙，可

图2-7-9 假山西侧高墙围出"浴鸥"小院

观两重洞门,其内水石清雅,层次幽深之感尤佳(图2-7-11)。

苏州园林中的"园中园"并不少见,大多为附属于主景区、以建筑为主的简单庭景,如拙政园中枇杷园、网师园中殿春簃等;而艺圃中的这一浴鸥小院,虽然面积不大,但引入丰富水景,又有大量峰石花木,且高墙相围而自成一体,可谓又一小型园林了;这与一般小庭不同,而与主景区有接近作用。一些江南园林中亦有大小不等、境界不同的内外两处景区的布置,典型如南浔小莲庄等,可称为"大小园"或"内外园"结构,艺圃与之更为类似。此外,这一内园之中又有相对独立的内庭园设置,形成了另一层次的包被嵌套,则是艺圃中颇有趣味的独特之处,

图2-7-10 门洞内小桥通向"芹庐"小院

图2-7-11　园内自成一体的山水景象

为江南园林中罕见。

主池水榭延光阁北面,有园中主体建筑"博雅堂",形制与细部多有早期特点,旧日为"念祖堂",前以平台临水,这才可以理解其作为园中主堂的作用。堂前庭院,叠湖石花坛,植牡丹数丛,趣味盎然。堂侧有门,东通内宅,又有天井小庭等小景营造。住宅前堂"世伦堂"之南,园林东侧为一系列入园的导引;自文衙弄而入,过道曲折,自穿堂进入主体景区,顿现湖色天光。这与其他一些苏州园林以夹巷入园有类似之处,又有自身特色。

总体评价

艺圃因其位置之偏、规模之小，在今日苏州诸园中的受关注度不算很高，但其文化价值与艺术特色却绝不可小视。其早年三代园主，均德高才显、官场不得志而隐居此园，后代园主都仰慕前代高洁，从而园中的士人隐逸之气一脉相承；尤其在清初，更是一时遗民集会之地。旧日园主的高尚品格长期为人们所怀念，不仅增添此园的历史名望，更成为园林文化审美的一部分。而现在的园貌，也与当年有着相当关联，主景构成与清初记载颇为一致。

这种难得的历史格局遗留，使得艺圃呈现着自然朴质、简练开朗的性格特征，与诸多清代以来营造复杂、以精巧变化著称的苏州园林面貌形成巨大差异，对此人们常用"明代风格"来形容。但也要看到，这一说法固然鲜明扼要，却并不准确。毕竟，明代造园究竟怎样仍是一个问题，现在所能看到的创于明代的江南园林遗存，基本都是清代以来、且大多为清后期改造的结果，拙政园、留园都是突出的例子。即便变化不算巨大的艺圃，现今格局能确切追溯的只是清初，较晚明记载的五亩大池已有改观，而为人们关注的水榭营造则要到清中期以后的道光年间。其他一些常被称作明代风格的江南造园其实也基本都是清代营造，典型如网师园殿春簃小院，虽然以"明轩"之名复制在纽约大都会博物馆，但其实该园的成形要到清中叶，而该院更在晚清光绪间。真正的明代园林完整形象，大约只能在历史园图中看到；而即便是当初的明代园林，在明代各阶段、各地域也有着营造方法的差异，尤其是情形复杂的晚明，是否能以一种风格概括又是一个巨大疑问。况且，虽然我们确实能总结出许多清代（特别是晚期）流行、而不同于早期的造园方法，但其实也并非一统天下，许多早期园林的观念与手法仍旧在一些晚期造园中延续存留，只不过不是作为主流，常被人们忽略罢了。

第八节　苏州耦园

沿革概况

耦园位于苏州城东小新桥巷东首，三面环水，南北临市河，东侧隔内城河与古城墙相望，园外环境颇有特色，至今仍能从水路到达。

清雍正年间，曾任四川保宁太守的陆锦致仕归里，取陶渊明《归去来兮辞》中"园日涉以成趣"之意，筑"涉园"别业，园中多有一时名流的诗酒雅集之会。当时园景，程章华《涉园记》称之"凿池引流……杂卉乔木，渗淡萧疏"，并建有"得月之台、畅叙之亭，绕曲槛，不加丹艧，以掩朴素"，李果《涉园杂咏八首为保宁太守陆阇亭赋》中有宛虹桥、浣花井、觅句廊、月波台、红药栏、芰梁、筼筜径、流香榭八景，从而可知，大体以池水与花木之景为主，建筑不多而形态朴素，园中并无山景。

陆氏之后，袁学澜《适园丛稿》中称之"今为郭季虎参军赁居"，即书法家郭凤梁所租；钱泳《履园丛话》中称"近为崇明祝氏别墅"，但涉园之名未改，"有小郁林、观鱼槛、吾爱亭、藤花舫、浮红漾碧诸胜"，仍以水木为胜，不见假山。太平天国兵燹，此园与苏州城中诸多园林一道，惨遭损毁。

同治十三年（1874），官场失意的湖州人沈秉成侨寓吴中，购得此园旧址，延请画家顾沄策划扩建新筑，光绪二年（1876）落成，名"耦园"。此园格局特色，中部为住宅建筑，东西各有一园，一般认为是东部为涉园旧址，西园为增建；但据新近研究，是在原涉园旧址之中插入住宅部分，而使旧园成东西两片。总之，东西二园之规别具一格，成为园名的来源；而沈氏爱好金石字画，夫人严永华娴于词翰，可谓夫唱妇随，天成佳偶，耦园之名，又有了夫妇偕隐、伉俪唱和之意。

沈氏夫妇去世后，园渐散为民居，民国年间曾有多位教育界名人居住于此，亦曾作为校舍。1941年归实业家刘国钧，重加修葺。新中国成立后曾被占为工厂，收回修复后又遇"文革"而长期关闭。1980年东园整修，20世纪90年代再修西园、住宅，此后园宅得以全部开放。

今日耦园占地约十二亩，除了外部三面临河的"人家尽枕河"风貌特色外，内部总体布局也在苏州园林中独树一帜，中间为住宅四进，自第三进大厅前可通至东、西二园，而以东园为山水主景所在（图2-8-1）。

东部园景

耦园的东园约四亩，布局也很特别，虽以山水作为园景主题，却与水池居中、堂山相隔的惯用格局截然不同，而是山池大致左右并列而居园中，假山为北堂所直接临对（图2-8-2），成为绝对主景，其占地超过池面，与其他通常注重水景的苏州园林乃至整个江南园林相比，池面较小甚至可谓过于节制，而更与李果诗句中"水木绕岑楼"、"一湾云水乡"的早期涉园主景已经拉开了相当距离。这种布置方式，就对假山主景提出了极高的要求，而此山也确实能当此重任。

大假山以黄石叠成，由东西两部分组成，东为主山，东南部成陡峭崖壁临池，雄伟险绝（图2-8-3）。从东南、东北、西北三处可分别进入主山，磴道盘纡而至山上平台，山上不建亭阁，主峰下藏石室，东南开口，也是别出心裁的。西部辅山较小，自东而西逐级降低，坡度也渐平缓。二部之中成山间僻径，宽仅一米余，两侧陡壁如削，似幽深峡谷，名"邃谷"，只是现底部过于平整而真山感稍弱（图2-8-4）。山体堆叠手法自然逼真，以横直石块大小相间，凹凸错杂，层次组合，以横势为主，犹如山石天然剥裂纹理，亦似山水画中斧劈皴法。山中不设洞穴而多处蓄土，多花木景象，增添山林风味。总体而言，石山造型雄浑朴厚，细部叠理有

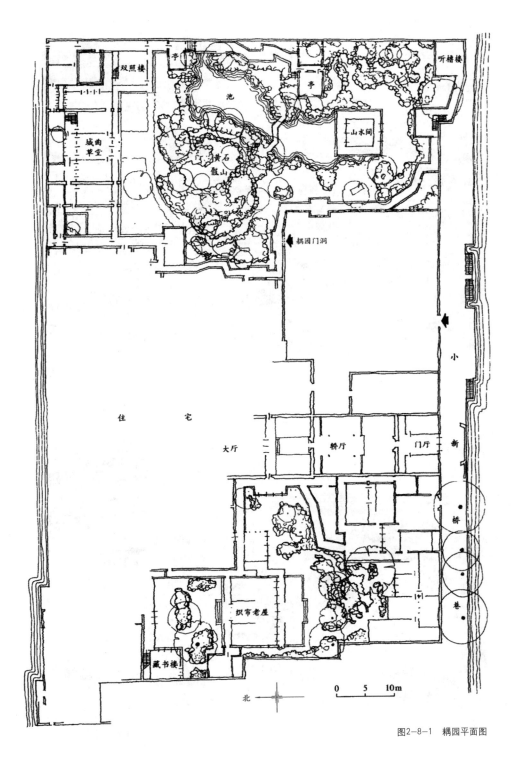

图2-8-1 耦园平面图

图2-8-2　东园北部主堂前正对黄石假山峰峦之景

图2-8-3　主池之东所对渊潭石壁之景

图2-8-4 假山之中"邃谷"之景

致，苏州城内黄石假山可称第一。

假山东侧水池，石壁之下呈渊潭之态，又屈曲而南转，成南北狭长水面。有曲桥架于水上，通于石壁南侧，桥面稍高而益显潭深（图2-8-5）。南侧有四面厅式水阁名"山水间"伸出池上，为园中欣赏山水结合景致的主体场所（图2-8-6），但其对景不同于一般隔水山景的横向展开，而是更强调前后纵向的深度。池东又有二亭，"吾爱亭"在南稍高，"望月亭"在北低临水面，可近观池山崖壁，并以其位置、高低差别而可赏不同山态。二亭间以曲廊相连，又可得动观山水之趣（图2-8-7）。

北部主体建筑"城曲草堂"，为一组重檐楼厅，在苏州园林中较为少见。其前平庭，直接正对大假山峰峦崚嶒之景，如置身山林之下。城曲草堂两侧，东以"双照楼"向前突出，其上可近距俯瞰山池；西侧以廊南接"藤花舫"，正在山脚之下。由此而南，以游廊在山之西而南绕，此西南一隅，又有西院的"无俗韵轩"在此伸出"枕波双隐"半亭而面山开敞，而以"耦园"为额的入园半亭也在此相通，一入园而有山景扑面的震撼。

图2-8-5 池南水阁所对山水及曲桥

图2-8-6 假山上俯瞰主池南侧水阁"山水间"

图2-8-7 池东亭廊

连廊继续环绕园周而往南延伸，中有半亭隔水与吾爱亭相对，并绕至山水间之南，连接"魁星阁"与东南角的"听橹楼"；后者之名，与园外环境产生呼应（图2-8-8）。此南侧二楼，与其北山水间、吾爱亭，在园墙之侧，围出相对静僻独立的东南一区，布以山坡石径及花木之景（图2-8-9）。

西园营造

与东园相比，西园甚小，且无水景经营。以书斋"织帘老屋"为主体厅堂，前后成两个小院。书斋之前，设宽敞月台，正对湖石假山一座，山不甚大，有山径可登，筑山洞可穿（图2-8-10）。山上筑云墙，山南又有小屋，一山而分为前后二院的不同靠壁山景，也是别有新意的。假山主体又向东北延伸，至织帘老屋东侧而低平略似花台，又有石峰点缀，此处南为曲折半廊、西有半亭、北作小室，成不规则空间，又多有窗洞透景，令

图2-8-8　园外环水景象及园中东南角"听橹楼"

图2-8-9　山水间东南侧的静僻一区

图2-8-10 织帘老屋前院及湖石假山

人有移步而景象变幻莫测的新奇感。

织帘老屋之后,有二层书楼,构成后院,书楼成凹字形而西部突出,织帘老屋西侧亦有一座小室伸出,从而打破规整院落而有空间变化。院中有三处大小不一的不规则花台,植树莳花、立峰置石(图2-8-11)。院中尚有一座宋代古井,为当年李果涉园诗中一景,名"浇花井",可证西园在当年涉园范围之内。惜旧日井栏已佚,现存者为移自他处。

总体评价

耦园有两大特点。其一为紧扣园名中"耦"为成双的主题,为双园格局,成对仗差异。一大、一小,一有水、一无水,均有叠山而一用黄石、一用湖石,东西映照、各呈风采。而园名中所含的另一层"佳偶"之意,也在诸多营造与文字中有体现,如魁星阁与听橹楼成双而立的造型、"双照楼"之名、"枕波双隐"之额、"耦园住佳偶,城曲筑诗城"之联等,独具风雅特色。

其二在于东园假山营造。耦园假山是现存江南园林黄石假山的最优秀作品之一,当为高手营造,但何时营造、匠师为谁,却仍是一个未解之谜。现在一般认为是早期涉园的遗物,然而根据涉园时期的园记、诗歌,当时园中并无主题假山,直到道光年间仍然如此。那是否为晚清沈秉成时期营造,甚至是顾沄意匠?当时记载阙如,无法肯定,而有专家根据山上桧柏树龄推断叠山应在更早。如果确实早于沈秉成构园,也可解释为何现有布局如此别具一格,因为特殊性往往是依随之前条件进行调整而成,否则我们只能惊叹顾沄的独出机杼了。这一构山谜团的解开,只能有赖将来进一步的资料发现了。

图2-8-11　织帘老屋后院书楼及浇花井

第九节 苏州怡园

沿革概况

怡园在苏州城中心尚书里，今人民路西侧。此地原为明代名士、官至礼部尚书的吴宽（1435—1504）宅园，所在地名"尚书里"即由他的官职得名。吴宽是成化八年（1472）状元，为15世纪后期苏州最负声望的士人，"吴人数吴中往哲文章笔翰，必首推匏庵（吴宽之号）"（乾隆《长洲县志》）。他乐好园居，有别业"东庄"在城南葑门内（今苏州大学本部一带），为当时苏州最著名园林；而此处宅园也多有景致营造，据其《家藏集》诗咏，有海月庵、玉延亭、春草池、醉眠桥、冷澹泉、养鹤阑六景，又有藤障、花门、榆篱、草径、蘼屏、树屋等营造。吴宽身后，此园长期荒废。现在园中，尚存明代石栏。

清同治十三年(1874)，时任浙江宁绍道台的顾文彬得此地后，在宅后建义庄（春荫义庄），祠堂之后又建园林，此宅、祠、园的结合为后来贝氏狮子林所效仿。园林由顾文彬、顾承父子亲自筹划，初因顾文彬正宦游浙江，实为其子顾承主持经营，园中一石一亭均先拟出稿本，待与顾文彬书信商榷后方定。后顾文彬卸任归家，又有增修。前后达八年乃成，共耗银二十万两。取名"怡园"，顾文彬给顾承信中称"在我则可自怡，在汝则为怡亲"，俞樾《怡园记》又有"以颐性养寿，是曰怡园"。怡园设计时，本人作为画家的顾承，又邀请任阜长、顾沄、王云、范印泉、程庭鹭等画家参与反复研讨，并广泛吸取其他苏州园林所长，如水池效网师园、假山学环秀山庄、洞壑摹狮子林、复廊仿沧浪亭、旱船拟拙政园，而长廊墙体内嵌入数十块摹刻名家书法的书条石，则成为苏州诸园之冠。此园除有集锦妙思，还有"五多"之称，即湖石多、白皮松多、楹联多、豢养动物多、胜会多（诗会、画会、曲会、琴会）。园成之后，江南名士多来雅集，名盛一时。尤其是琴会，1919年盛会之后有固定的"怡园琴会"活动，1935年成立"今虞琴社"。

抗日战争时期，此园受破坏尤甚，曾被轰炸而一片瓦砾，园中古玩字画也被劫掠一空。20世纪40年代，怡园百戏杂陈，成为游乐场所。1953年，顾氏后人顾公硕将怡园献给国家。修整之后，供公众游览。

今日怡园面积约九亩，南与住宅隔巷相对，西与祠堂毗连相通。全园大致以复廊为界分东西两部，而以西部山池为全园主景（图2-9-1）。

山池主景

怡园以西部山池为营造核心，其大体布局，东西横向的水面居中，厅堂等建筑位于池南，而假山在池北岸偏西，成南岸建筑所对的主景（图2-9-2）。这种主厅隔水北向对山的主景格局为江南园林所常见，如拙政园、留园等，但怡园中又力求变化，东西向水面通过大小、曲折变化分为四部，又结合两侧建筑与山体的配合，精心营造出各处空间景致。

池南主厅自然是最主要的赏景所在，呈四面厅形式，由香山帮名师姚承祖营造，内部成鸳鸯厅：南半厅名"锄月轩"，又称"梅花厅"，厅南叠不规则湖石花台数重，玲珑自然，是江南园林中的花台佳构，内植名贵花木；北半厅称"藕香榭"，又名"荷花厅"，有平台临池，夏季可观莲闻香。临水北眺，迎面一片山林景象。池北假山以湖石叠成，主体偏于西侧而突前，布局结构较为灵巧，石壁洞谷有真山之态。而主厅正对为退后的假山东部，稍低而多立石峰，其上大树蓊郁，有亭名"小沧浪"，寓意追随沧浪亭，也略有其山林之拟。亭前奇峰矗立略似狮子林之石，亭侧有大石并立如屏，上镌"屏风三叠"，为他园未见之小品。此隔池山景大体尚佳，但仍嫌其池岸略僵而自然之态不够，东部偏低而与池馆

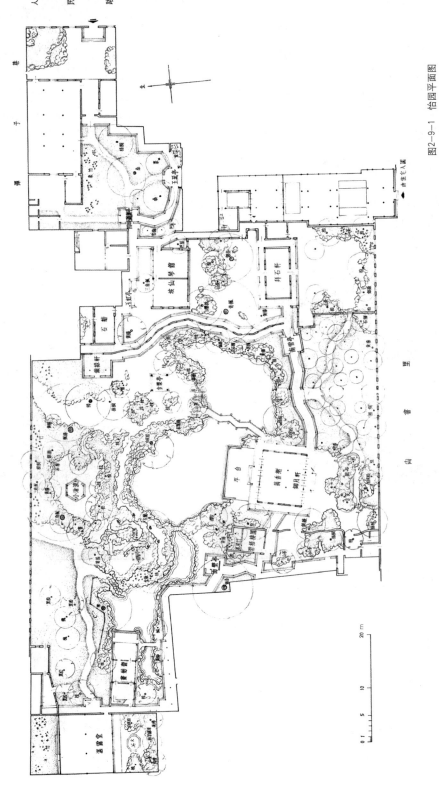

图2-9-1 怡园平面图

图2-9-2　山池主景

尺度不称，重心偏西而山势均衡之感不调，且置石之法与西侧山体之景不匹（图2-9-3）。

主厅之前池水在西侧成一水口，其上跨水叠石，似北侧山体延伸，成自然形态的拱洞，略仿狮子林修竹阁南水洞，池水过此洞而西则略宽，成一溪涧回环处。这一带名"抱绿湾"，山水结合巧妙，境界清幽，值得停留玩味（图2-9-4）。池北山石崚嶒，其脉似经跨水涵洞而南，延伸至藕香榭之西的"碧梧栖凤"，又通过起伏云墙似与南部花台叠石绵延相连，而使园中石脉气势贯通，是他园少有的妙思所在。抱绿湾南岸、碧梧栖凤小轩西北，"面壁亭"正对池北石壁，亭名寓深意而与景象极合。亭壁悬一

图2-9-3 假山上"小沧浪"亭前石峰及隔池主厅"藕香榭"

图2-9-4 主池西部"抱绿湾"及跨水叠石拱洞

大镜，使园景空间陡增，对面溪山如画，"面壁"含义又增加面亭壁而对镜得景之趣。苏州诸园多有悬镜设置，如拙政园香洲与得真亭、网师园月到风来亭、退思园菇雨生凉轩等，而以怡园此镜所对山景之趣为多。而亭中所对山景，也正是全园主山所在，峭壁山崖之上，"螺髻亭"尺度小巧得体，其地位为全园最高处，也成为全园景观引导的一个焦点。

抱绿湾往西北曲折渐窄，西南侧曲廊在此转折，与东北石壁间成收束空间，再往西北则又扩为小池，境界顿宽，为园中尽端最幽深处（图2-9-5）。西侧有旱船"画舫斋"似浮水上，临池平台有小桥与南岸相连，仿佛登船跳板。仿拙政园之香洲而尺度较小，装修精雅则过之。对岸石壁，竹木交加，山池掩映，颇有山野风趣。而绕北东行，即可入西侧假山。此山全以湖石叠成，块面整体，手法自然。内有"慈云洞"，顶垂钟乳，借鉴环秀山庄洞法，虽小而曲折有致。又有山涧与磴道、飞梁结合，盘旋曲折，略有狮子林山径趣味。迂曲而登山顶，至螺髻亭，可畅观池周景色（图2-9-6）。穿"绛霞洞"而出，石壁下有水畔石径，多山水游赏之趣，但距水仍高，不及艺圃、瞻园的低平水面石矶更具佳趣。

沿池边山路继续东行，可到"金粟亭"，金粟即桂花，此亭周围遍植桂树，石峰林立，景色萧疏。其南有曲桥横跨主池，行于之上，有凌波之快。桥南至主厅东侧，又可至亭东、池南曲廊，东至"南雪亭"，其南有梅林之赏，北望一泓池水，与金粟亭遥对（图2-9-7）。由南雪亭往北，为分隔怡园东西两部的曲折复廊，游而西望，水面由曲桥隔出层次，远处山景楚楚，小亭翼然，而更远处隔竹木，旱船阁楼隐约其后，似有层次深远不尽之感。复廊北通"锁绿轩"，墙上开多个图案各异的漏窗，可透另侧景色。此廊自沧浪亭仿来，用得非常恰当（图2-9-8）。

其他园景

南雪亭以东，至"拜石轩"，便进入怡园东部，这一辅助景区中并无山水营造，主要木石为主的庭园小景。拜石轩为四面厅形式，南庭中植常

图2-9-5 "画舫斋"前小池为园中西北尽端最幽深处

图2-9-6 "画舫斋"东对山洞之上"螺髻亭"

图2-9-7 主厅东侧游廊隔池北对"金粟亭"

图2-9-8　池畔复廊隔出东部空间

绿的松、柏、山茶、方竹之类，故又题为"岁寒草庐"；南墙之下，又有石笋成林，幽篁成丛，为常见竹石相配主题，相映成趣。而其"拜石"之名，则来自轩北庭中所置若干怪石。此院安排，主要来欣赏太湖石峰，并点缀花木，境界幽雅（图2-9-9）。

北部"石听琴室"亦是以石为主题，窗下有两座浑厚峰石，仿佛两位埋头听琴的老翁，颇为传神（图2-9-10）。"坡仙琴馆"与石听琴室东西相连，藏有宋代苏轼的古琴。此斋又和北面"玉虹亭"构成以抚琴、听琴为主题的院落，为当年琴会雅集胜地。玉虹亭之西为"石舫"，略有意味而已，其西即是复廊北端的"锁绿轩"，当年直接面对假山之侧的竹林，现加了一道云墙洞门再入西部，午后竹林绿光的诗意主题之景不再复现。

坡仙琴馆以廊相连至东北侧"四时潇洒亭"，这一半亭以月洞门相隔内外空间，南有曲廊连接"玉延"半亭，二亭所对是今日全园入口庭院，铺地精致，竹木清幽，为入园佳境。而旧日东侧尚有另一层入园铺垫空间，但因园外人民路拓宽而不存。

图2-9-9 "拜石轩"前竹石庭景　　　　　图2-9-10 "石听琴室"前峰石庭景

总体评价

在苏州诸园中，怡园建造较晚，广泛借鉴了此前多座名园景象，能成功地集各园特点而又有创新，假山、石室、花台、旱船、复廊、庭院、悬镜等均较精巧，布局层次分明，幽旷得宜，颇有自然之趣，大体上不失为佳作，建成后也一跃而成名园。然而，也正是由于这种集锦式创作自身，又带来一些不足之处。一方面，如刘敦桢先生所指出，"因欲求全，罗列较多，反而失却特色"，主题不够明确，景致略显涣散，虽极尽多方考究之能事，而终究难与其他一流名园相比肩。

另一方面，所综合的前代造园方式中，有些是不同历史时期的遗存，本身具有时代性审美差异，并置一起其实存在内在审美矛盾。以主景假山营造为例，我们看到一种要融合环秀山庄山体与狮子林峰石的努力，然而这两种叠山其实是以不同欣赏方式为指导的，前者是晚明以后注重真山局部形态的直接画意式欣赏，后者则是更早期以峰为山的意向性、联想式欣赏，想要结合是颇为困难的，因而当我们在主厅平台的主视点上北望，欣赏了西部山体石壁足可称道的自然态势后，反观东部石峰林立就嫌其壅塞琐碎。而其实石峰本身尚佳，在山上"小沧浪"中颇可近赏细品，而远观全山、东西比较之时，就颇觉不堪了。

第十节 苏州曲园

沿革概况

曲园位于苏州市中心马医科巷西端,距怡园不远。其营造及名望,是与晚清巨儒俞樾(1821—1907)密切联系在一起的。俞樾为浙江德清人,道光三十年(1850)进士,三十七岁在河南学政任上受弹劾而免官,此后长期寓隐苏州,著书讲学。同治十三年(1874),俞樾购入毁于咸丰兵火的潘氏废宅之地,建宅构园,垒石凿池,杂莳花木,次年落成。园林部分在宅西、北二侧的隙地,形如曲尺,似篆文"曲"字,又因其范围仅"一曲而已",故命名为"曲园",同时又有《老子》中"曲则全"的寓意。从此,俞樾便以"曲园居士"自号。

光绪五年(1879),俞樾在曲园南侧"春在堂"前的西南隅小院,增建"小竹里馆"。其地也略成曲尺形,而面积更小得多,因在曲园之前,又称"前曲园",原先园林部分为"后曲园"。

光绪十八年(1892),俞樾又对曲园重新修葺,对园中"曲水池"动了一番脑筋。池上设平桥,可布席观月;效仿晚明黄汝亨的水上竹筏小屋"浮梅槛",修"小浮梅槛";又设"流泉",以山石间水缸之水通至池内而略成喷泉;而正对曲水池的"曲水亭",也装了玻璃门。俞樾的营园兴致,此中可见一斑。

俞樾身后,曲园逐渐失修。曲水池上的那些附加设置,20世纪40年代汪正禾(馥泉)来游时,已经全然不见踪迹。1954年,俞樾曾孙、著名红学家俞平伯将宅园捐赠国家。"文革"期间,毁坏严重,池塘填没,花园荡然。1982年起，应俞平伯、顾颉刚、叶圣陶、陈从周、谢国桢等文化名人之吁，逐步恢复。1986年，曲园的住宅部分修复开放，1990年园林部分修复而供参观。

园景布置

曲园为左宅右园格局，占地共五亩（图2-10-1）。住宅部分共五进，从门厅与轿厅之间院落往西，首先进入"小竹里馆"前院，有竹石小景，此处曾作"前曲园"的营造，今日已非原样。其北厅所对，为曲园中主厅"春在堂"，其名来自当年俞樾参加殿试时备受赏识的诗句，其著作题名也为《春在堂全书》。堂前小院，老树成荫，如旧日清静。

春在堂屏门后，当心间伸出，为"认春轩"，三面敞开，正对花园，可观北侧"杂莳花木，屏以小山"之景（图2-10-2）。自此而至曲园主景之区，为宅侧西、北二块相接的狭长之地，占地不足一亩，是苏州诸名园中极小的一处。屋舍主要布置于西、北两侧，以靠墙游廊相连。

曲园之中的核心布置，是一座方池，名"曲水池"（图2-10-3），南北长约八米、东西宽约五米，石栏周绕，池西南角有台阶可下至水面（图2-10-4）。池与周边建筑布置，有明确东西轴线。西侧一亭突出于水面，名"曲水亭"（图2-10-5），其东正对假山石台，其上又有一靠于宅西山墙的半亭，名"回峰阁"，与曲水池有小径相隔。这一组池亭的布置方式，在苏州园林中是颇为罕见的。

在曲水池南北，尤其是回峰阁左右靠东侧住宅山墙，均有小型湖石假山堆叠（图2-10-6）。旧日形态，据俞樾《曲园记》，南侧小山"不甚高，且乏透瘦漏之妙，然山径亦小有曲折。自其东南入山，由山洞西行，小折而南，即有梯级可登。登其巅，广一筵，支砖作几，置石其旁，可以小坐"。回峰阁北，"复遵山径北行，又得山洞。出洞而东，花木翳然，竹篱间之"。因"文革"中园毁，今日假山为后修，但南山略大，可以穿洞而登，北侧花木较多，大致仍按旧时格局。

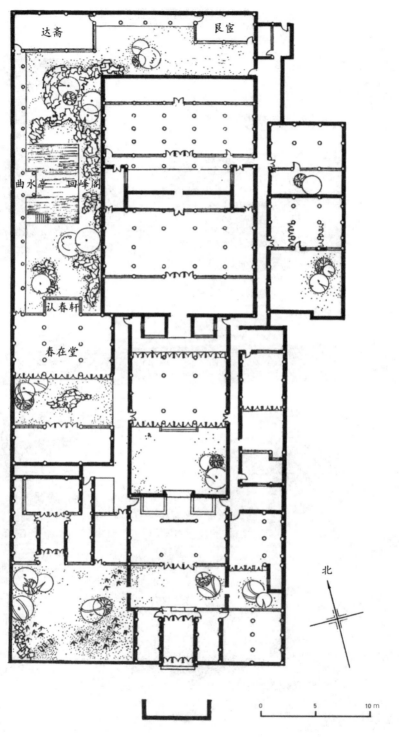

图2-10-1 曲园平面图

图2-10-2 南侧"认春轩"伸出

图2-10-3 "曲水池"为园景核心

图2-10-4 方池有台阶可下

图2-10-5 "曲水亭"突出水面

图2-10-6 "回峰阁"与南侧小山相连

过北侧假山,到达曲园最北端,由此东转,即到达小园曲尺形的另一边。北侧有两座小屋,西边的名"达斋",为曲尺形两翼之中,两侧可达(图2-10-7)。达斋南向,越山池花木,与南端认春轩遥遥相对。达斋东侧为宅北的东西长向一区,东北隅小屋名"艮宦","艮"即表明其位于东北。达斋与艮宦之间的廊壁,多有碑帖刻石,存俞樾墨迹。这里是曲园最深处,幽僻静谧。

总体评价

在现存较有名望的苏州园林中,曲园是非常特殊的一座。曲园的名声主要来自对俞樾的敬仰,是从文化价值上的考量,但对其园林营造本身,其实一直没有受到多少关注。确实,从表面上,曲园场地狭小、布置简

图2-10-7 北侧"达斋"与曲水亭以廊相连

单,与诸多苏州名园的池广山奇、营造丰富相比,几乎简陋不堪、无足可观,而且其中亭廊布置规矩、水池方整,在以曲折自然为尚的苏州园林中格格不入,似乎并无多少艺术价值。然而,如果进入到整个中国造园历史的发展脉络中考察,曲园的这种看似简单朴素、其貌不扬,与其他苏州园林大异其趣的布置,却是延续着早期造园思想与营造方式的一个非常难得的遗存。

就曲园中作为核心的方池而言,虽是当今苏州诸园中的罕例,但在早期却是非常普遍的,大量的园记、园诗、园图中往往可以看到。在晚明以前,园中水池的欣赏主要在于天光云影、莲花游鱼等水景,而并不关注池岸形式,方池形态从来不忌,相反,受到朱熹"半亩方塘一鉴开"诗句的影响而有大量营造。在苏州,明代中期的王献臣拙政园、韩雍葑溪草堂、张凤翼求志园等中都有方池。但到了明末,在以苏州为核心的江南地区,以画意为代表的园林欣赏方式兴起,造园发生巨大变革,在理水方法上,池岸的自然曲折往往成为必须。此风延续,苏州园林中的方池近乎绝迹。

而与曲园方池所配合的"亭—池—山(亭)"的主景轴线布置方式,虽然是晚近苏州园林中极力避免的,却也在早期园林中常见。这个格局至少可以追溯到唐代白居易的《草堂记》,明确叙述了这一小园中"堂台—方池—小山"的序列;而沿对称轴线进行这一布置,还体现在保留了元代格局的狮子林,大假山前指柏轩、方池(及桥)、直至山上卧云室,也呈现明确的轴线关系。与对待方池的观念类似,这种构成其实关注的并不在于形式本身,轴线是完全不需要忌讳的。而晚明以来的苏州,形式问题则得到极大关注,中轴线显得僵化而必须破除。

那么,既然晚明以来苏州造园风气已转,为何晚清的曲园营造中忽然又能体现出早期特点?这应与曲园主人俞樾的经历及其欣赏观念有关。俞樾生长于浙江,虽然也属江南,但晚明以来的造园转变是以苏州为核心,浙江地区虽受影响却相对较弱,仍较多保留早期造园观念与方法。可以看到,俞樾不仅使苏州在晚清形成经学中心而为海内外瞩目,也为苏州增添了一个极具历史价值的宝贵园林遗存。

第十一节　吴江退思园

沿革概况

退思园位于苏州吴江同里镇中心，此镇为典型江南水乡，历史上人文荟萃，多宅园营建，惜大多废毁。清光绪十一年（1885），凤颖六泗兵备道任兰生罢官归里，建此宅园，请该镇著名画家袁龙（号东篱）构思设计，历二年而建成。以《左传》中"林父之事君也，进思尽忠，退思补过"之意，取名"退思"，意在"补过"。

光绪三十二年（1906），任兰生之子任传薪在园中创办女子学堂，开风气之先。任传薪后任教于上海圣约翰大学，与陈从周为同事。此园经陈从周撰文介绍，并得到"贴水园"的盛赞，从此受到关注。"文革"中此园受破坏严重，20世纪80年代修复开放。

此宅园占地近十亩，西宅东园格局，因基地东西狭长，住宅分东西两路、园林亦为东西两区，成四组并列布局，这在江南园林中也属孤例。园林部分约四亩，东部为园池主景区所在（图2-11-1）。

园池主景

退思园的主景特色在于东园之中的一泓大池，水岸低平，建筑周绕（图2-11-2）。主厅"退思草堂"在池北，三面为廊，前以宽敞平台突出水面，清波似触手可及，可畅观环池景色，更是观鱼赏月、拍曲纳凉佳处。江南诸园中，此堂布置方式合宜，但相较他园堂前所对隔池山

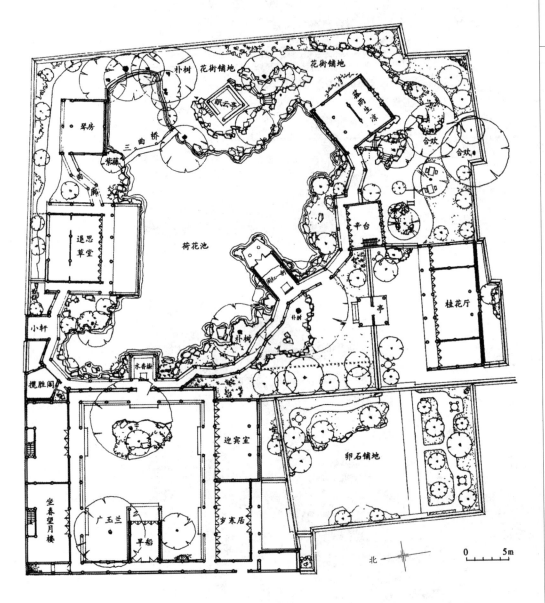

图2-11-1　退思园平面图

景，此园的假山对景就大为逊色了，仅东南方向有湖石叠山，略成石壁峰峦之状，但手法平平，且被其上一亭所压而更愈显卑小。主堂正对南岸有一座高起的石峰"老人峰"尚有可观，但孤立无倚，难堪主景之对（图2-11-3）。

图2-11-2　主体池景

图2-11-3　主堂所对南岸峰景

池周山景不足观,而建筑形态丰富,尤其是池西南侧的旱船"闹红一舸"成为景观焦点所在(图2-11-4)。因池面不大,故画舫体量亦小,船身很浅,由湖石凌波托起,几乎平贴水面,与北面退思草堂低平的临水平台相互呼应。造型较为简洁,不施雕镂细作,有通脱玲珑之感,伸入水中较深,似可随波荡漾。这一营造强化表现了水乡文化的特点,甚至是此园设计中最为生动精彩之笔。不过,以建筑本身作为过于突出的主景,终究与江南园林主要的山水旨趣追求不甚相合。

水池在主厅左、右以及东南方向,形成三个凹入式水湾,主景区中的其他建筑营造,与此池面形态密切结合。东南隅小轩"菰雨生凉",北向贴水,最宜盛夏临池、消暑赏景。轩中一面大镜,仍是当年从异国觅来的

图2-11-4　池西南侧"闹红一舸"为景观焦点

2-11-5 复道敞廊通"辛台"小阁

原物,增添景趣。菰雨生凉轩之西,有两层复道敞廊,俗称"天桥",与"辛台"小阁相通,造型别致,亦为退思园特色之一,其上可俯瞰园池(图2-11-5)。辛台大致与池北主厅正对,原为主人书斋,呈朴素的水乡民居风格。阁与楼廊虽稍显高,但与池面之间布置木石而显退后,尤以老人峰略成层次,阁前又以单层廊庑相隔,倒也不显突兀。

　　菰雨生凉轩前水湾之东,湖石假山一座,其旁浓荫苍翠,为池东主要对景。隔池畔小径又有石矶延入池中,能作形断意连(图2-11-6)。山上有"眠云亭",可得池山之上的旷朗之感。而此亭实则为拔地而起的双层建筑,底层小室背池敞向东侧,三面墙周屏障以湖石峭壁假山。此种做法别出心裁,倒也节省大量形成山景的湖石、简化叠山工艺,不过游山之趣也就全无了。眠云亭北的池东水湾之上,三曲桥平卧,划出水面层次;北侧"琴房"临池,其西以廊与主厅退思草堂相连,其前水畔绿荫周绕,成幽僻一区(图2-11-7)。

　　主厅西侧内凹水湾之畔,曲廊自厅西面北侧而起,曲折西连而南绕,连接北侧极小一轩、西北角五边形平面的"揽胜阁",以及池西正对主

图2-11-6　池东湖石假山隔径石矶形断意连延入池中（左）
图2-11-7　池东三曲平桥划出幽僻一区（右）

厅平台的"水香榭"（图2-11-8）。此榭悬挑水面，为赏莲待月佳处，又是西通庭景的节点。而"九曲回廊"又连绵不绝连至闹红一舸后部，最终经辛台而到菇雨生凉。廊壁九个漏窗，纹饰各异，又中嵌"清风明月不须一钱买"的古石鼓文字，新颖别致，且透出旁院绿意，丰富园景层次（图2-11-9）。

其他园景

除主体池景外，退思园尚有庭院小景的营造。连接水香榭至辛台的斜向曲廊的西南一侧，高荫之下，有湖石堆叠，角落植竹。北侧漏窗花墙之中，一座方形抹角的门洞，以歇山小亭覆盖，墙内外覆盖各半（图2-11-10）。门亭之内，为"桂花厅"小院，厅面北，庭中植丛桂，秋日桂香绕阶，为

图2-11-8 面北曲廊西连"揽胜阁"及"水香榭"

图2-11-9 池西"九曲回廊"漏窗纹饰各异

"天香秋满"的题名意境所在。厅中北望,门洞框有湖石假山小景,呈入画之态;再其后廊墙漏窗,则透出主景一区的些许洞天。此院之西,又有从外部入园的过渡小庭,铺地精美。

水香榭之西的庭院,则是从宅内入园的过渡一区。以庭北书楼"坐春望月楼"为主体,楼的东部延至花园部分,伸出不规则形的揽胜阁。庭南相对的,"迎宾室"、"岁寒居"作为待客之所。庭中西侧置一小斋,山面东向开门,南北两侧开和合窗,仿画舫之意,船头直对水香榭后的"云烟锁月"月洞门,宛如待航之舟,将人引向东部花园。洞门内侧,有湖石花台为前障景,疏植花树,构成小景(图2-11-11)。庭中樟叶如盖,玉兰飘香。小院所用笔墨不多,却引人入胜,衔接自然。

图2-11-10　西南"桂花厅"小院门洞对曲廊后湖石（左）
图2-11-11　水香榭之西的宅内入园过渡庭院（右）

总体评价

在江南诸园中，退思园营建较迟，未遭到大规模的损毁改建，当初营园构思仍能较完整地保留至今。可以看到，此园除有着江南园林常见格局，如一泓池水居中、主厅平台正对等，还较典型地带有一些晚清特点，主要是较多建筑营造，其中形式，多有巧思。各种形态各异的亭廊轩阁，一方面使园林空间丰富、趣味增加；但另一方面，在园林旨趣上未免喧宾夺主，对于本应主要关注的山水主题有较多削弱。这种弊端，又因园中山景营造之弱而更为明显，假山甚至沦为亭阁外围屏障设置而完全不可游赏。

不过退思园亦有其鲜明优点，即水景营造突出。水面曲折多态，池岸低平，池周建筑能与之很好配合，简朴淡雅，小巧贴水，既显水面更加开阔，又使园林似乎浮于水上，平添动感。陈从周称之"于江南园林中独辟蹊径，具贴水园之特例"。同时以形态（如两处旱船）及意向（如"水香"、"菰雨"）更加突出水景主题。这一鲜明主题特色，使得此园能跻身于江南名园之列。

第十二节 常熟燕园

沿革概况

燕园位于苏州常熟城内辛峰巷。乾隆四十三年（1778），台湾知府蒋元枢卸任归来，渡海遇险又幸而脱难；回常熟后，在其从父蒋洞旧宅之东、炳灵公殿之西，建小园以娱晚景，称"蒋园"。蒋元枢祖父及父亲皆为清廷重臣，家世富足，建园十分讲究。其中一楼奉妈祖，其窗棂、栏槛等都用名贵紫檀雕刻，但当时园景不详。蒋元枢身后，其不肖子好赌，将园抵了赌债。

约在道光五六年（1825、1826），蒋元枢族侄、曾任泰安县令的蒋因培，在被罢官而又游历四方之后回到常熟，购得此园，大加修葺。有一瓢阁、十愿楼、诗境、梅崖诸胜；且延聘一代造园名师戈裕良为其叠山，名"燕谷"，园名更为"燕园"。这一叠山，是现在所知戈裕良的最晚一处作品。园成之后的道光六年冬，又请著名山水画家钱叔美作《燕园图》十六帧。其后园主屡易，而园貌大致未改。

道光二十七年（1847），燕园为举人归子瑾所得。太平天国之役，稍有毁伤。光绪年间，蒋鸿逵购得此园，燕园又重归蒋氏家族。归氏售园时，尽撤其中题咏匾联，使园林大为失色。不久，又售于外务部郎中张鸿，燕园遂又称"张园"。张因园中有"燕谷"假山，从此自号"燕谷老人"，并在此完成名著《续孽海花》的撰写。民国间张氏继续保有此园，20世纪30年代被童寯收入《江南园林志》。

新中国成立后，燕园先后为公安局、文化馆等单位占用，后属皮革厂、建筑、假山被严重损毁。1982年被列为省级文物保护单位后，陆续修复，对外开放。

燕园占地仅四亩多，平面呈狭长形，南北长近乎东西宽的三倍，总体上沿南北向可划分为三个区域，中部为大假山所在的主要景区，南北两端为建筑庭院，其中南部东院又有次要山池一区，北部生活为庭院区（图2-12-1）。

主山景区

全园中部，以戈裕良叠造的黄石大假山"燕谷"为主要山景（图2-12-2），与戈裕良所造的环秀山庄假山的地位类似，均以山为主而水景为辅，而与一般园林水池居中、山偏一侧的布局不同。燕谷假山体量较环秀山庄略小，占地不足一亩，最高点不超过五米。大体模拟常熟虞山，将虞山剑门之石壁奇景浓缩于作品之中。全山分为东西两部分，各筑一环形磴道和一石洞；其中以西部为主，东部曾遭严重破坏，近年修复。

自北侧堂前，可入假山洞壑。洞口上方有"燕谷"题刻（图2-12-3），洞中岩石突兀，顶部岩缝，有一线光亮穿隙射下。曲折而行，东南有水流入，上点"步石"，如真山幽谷。经步石而出洞，悬崖峭壁，下临深涧，如深山大壑（图2-12-4）。如自磴道上山，山顶青松如盖，虬曲沧桑，为张鸿出任日本长崎领事归国时携来栽植。"引胜岩"一景，削壁为峰，山势峥嵘。山巅亦可远眺，西望虞山景色。后有山径，东环山后，石梁跨谷，有险奇之胜（图2-12-5）。

假山以常熟虞山石叠成，亦使用戈裕良的"钩带法"堆山成洞。并以大块坚石为骨架，以斧劈小石补缀，凹凸富有变化，石脉纹理也能自然贴切如浑然天成，山不大而能包纳自然中的各种峰峦洞壑、谷涧池梁，变化万端。虽稍逊于环秀山庄的涧谷幽深，亦是江南园林叠石的传世精品之作。

此山作为中部主景，周围多以建筑相对而赏。其北为"五芝堂"，

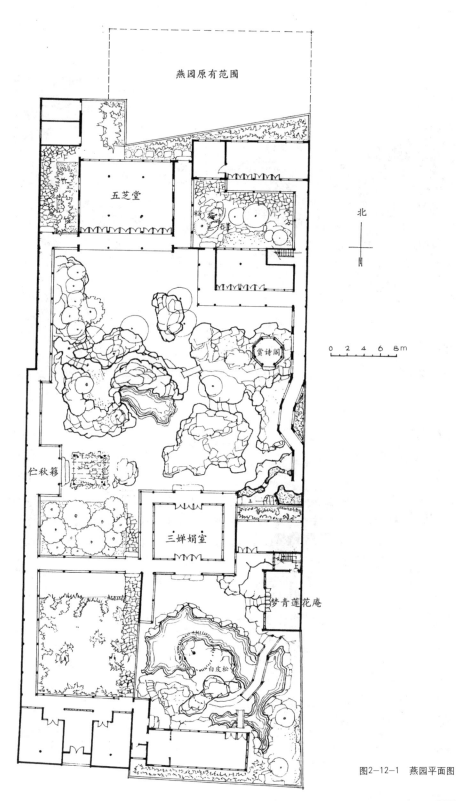

图2-12-1 燕园平面图

图2-12-2 "五芝堂"前黄石假山主景

图2-12-3 "燕谷"洞口及旁上山磴道

图2-12-4　洞南步石与峭壁深洞

图2-12-5 假山东西两部分之间的谷道与石梁

其南有"三婵娟室"（图2-12-6），西侧长廊南部有敞轩"伫秋簃"，东为"赏诗阁"（图2-12-7），东北是"天际归舟"的临水旱舫（图2-12-8）。建筑的多样营造，使该区以燕谷为中心，曲折多变，空间丰富。

次山景区

主景区南部的三婵娟室，因厅前有湖石三块，如美女般亭亭玉立，故得此名。此为周廊环绕的四面厅，其内为鸳鸯厅结构，中置屏门，隔为南北二室，各可赏南北室外不同景致，除北侧赏燕谷假山主景外，南侧院落虽小，又有山池营造（图2-12-9）。

厅前曲水一湾，池南一座湖石假山，怪石嶙峋，各具异态，被称为"七十二石猴"之景，细观之如群猴嬉耍，有奔、跳、卧、立等生动姿态（图2-12-10）。有记载称此山亦为戈裕良所叠，但现状显然与戈氏叠山风

图2-12-6 "三婵娟室"隔花坛北对山景

图2-12-7 东侧"赏诗阁"旁对假山

图2-12-8 "天际归舟"旱舫隔水正对假山东部北麓

图2-12-9 "三婵娟室"与"梦青莲花庵"成小院一区

图2-12-10 "三婵娟室"前隔池湖石假山

格大异其趣。戈裕良现存作品，无论燕谷还是环秀山庄假山，均以真山意韵为尚，而不重石峰欣赏。此处假山则显然主要关注石峰形态，欣赏如猿猴般形态所蕴含的勃勃生机，与狮子林叠石意趣一致，是另一种早期园林叠山欣赏方式的承续。

假山上植白皮松一株，高达数丈，苍劲挺拔，冠若浮云，虬枝映水，为园中最老的树木珍品。山下曲水东而折南，上架三曲石桥，其上设廊，划出空间层次（图2-12-11）。江南园林中廊桥不多，这里与寄畅园的曲廊渡水很类似，而与拙政园小飞虹直桥稍异。廊桥而南，水池岔出的狭长水

图2-12-11　湖石山侧三曲廊桥

湾上又有一小桥，南渡而至书斋，为山后幽僻所在。院东北又有"梦青莲花庵"，登小楼可俯瞰清流幽谷、西眺虞山风光。

总体评价

燕园在江南诸园中虽属小园，然而亦能厕身于名园之列，这与环秀山庄颇有相似之处，均在小园中以杰出假山主景而为世人瞩目；更重要的相似点是，均出自清中叶杰出造园家戈裕良的手笔，且是戈氏诸多作品中仅有的两座珍贵存世之作。两座假山都精彩非凡，有诸多共通的巧妙构思；同时又各具特色，环秀山庄中为太湖石叠造，这里的燕谷则用黄石，材料特性不同，叠山方法、山水关系、作品性格亦有所差别，这也足见戈裕良作为一代叠山名师的全面能力。

燕园与环秀山庄在整体布局构思上也有重要差异，后者遗存完全以大假山为核心，而燕园中则在假山主景外又有一区山水营造，该景区虽相对较小，但其重要地位已不能用"园中园"来形容，而是与主景成主次关系的双景区格局。在江南园林中，主次有别的"大小园"结构还可见到一些例子，如湖州小莲庄、苏州艺圃中可称为"内外园"，而这里的二区位于主要厅堂（三婵娟室）的前后部，则与海盐绮园、泰州乔园类似，或可称为"前后园"。燕园中的这种前后园差异明确，后园假山用黄石，欣赏真山境界；前园则用湖石，欣赏的是峰石之趣。这种景区对比，在江南园林中也成为一种突出典型。

第十三节　上海豫园

沿革概况

明清时期上海所在的松江府，与苏州府一道是江南造园的核心地域，明代江南园林文化复兴时期甚至一度盛于苏州。上海县城之内，曾有多座江南名园，然而今日所存仅豫园而已。

豫园初创于嘉靖三十八年（1559），刑部尚书潘恩之子潘允端为"愉悦老亲"而建，当时未成规模；万历五年（1577）潘允端致仕退职归里之后，真正进行大力拓展兴造，历时五年而初步告成，与太仓王世贞的弇山园同为张南阳叠山，时人评价二园"百里相望，为东南名园冠"。当时豫园占地七十多亩，有多个景区，建筑众多，最主要为"乐寿堂"一区，池广山奇；园中又有武康石山、奇峰名卉、竹阜梅林、方池长渠等各种景致，"陆具涧岭洞壑之胜，水极岛滩梁渡之趣"，为当时文人所称誉。

明末潘氏后裔衰落，园一度归潘允端孙婿张肇林，后即变卖分割，入清后更趋荒废。康熙年间，园中各厅堂建筑渐为城内同业公所占据，旧观渐改。

乾隆二十五年（1760），上海士绅集资从潘氏后人手中购得豫园余地，归城隍庙，因邑庙之东已有清初所建"灵苑"，遂改称"西园"。此后大加整治扩建，历二十余年，至乾隆四十九年（1784）告竣，大致奠定今日豫园之格局。而各公所仍在园中活动，且不断增加；道光以后，更划界占据，各自建设。

此后，该园在历次社会动荡中都饱经摧残。第一次鸦片战争中

（1842），英军侵入上海，强占此园，肆意毁坏。咸丰三年（1853），小刀会起义以园中点春堂设指挥部，失败后遭清兵劫掠，诸多厅堂付之一炬。咸丰十年（1860）后，英法军队协防上海以防太平军进攻，园中成为法军驻扎场所，掘石填池，建造兵营，园景面目全非。同治六年（1867），西园被二十一家同业公所瓜分殆尽，庙市渐渐与豫园旧址连成一片，园林幽趣荡然无存。清末，园西一带又辟为市肆，原先作为全园核心景域的大池被隔园外，园址更趋缩小，如今附近几条马路如凝晖路、船舫路、九狮亭等，皆因旧时园中亭阁而得名。民国年间，园内曾办小学。抗战中，难民涌入，香雪堂又被日军炸毁。一代名园，历尽劫数，绝胜风光，几近无存。

20世纪50年代起，豫园得到清理修缮；20世纪80年代又重修，分隔部分得到合并，并将东南侧之"内园"并入，并在修复东部过程中，又有考古发掘和园林再造的探索。陈从周先生始终参与其中，起到巨大作用。今日豫园占地约三十亩，除荷花池、湖心亭及九曲桥仍在园外，各处景点逐步恢复。全园大体可分以明代大假山为主的西部景区、清代同业公所建设及近年改造的东部景区，以及自成一体的内园景区（图2-13-1）。

西部旧迹

今日豫园西部的大假山景区，是当年此园东北隅的一部分。由于旧日园中主要山池景区已被划出园外，岛、石尽失，原先作为次要园景的庭中假山水池，成为现在园中历尽百劫而安然仅存的明代遗构，并作全园核心主景。

假山是万历年间叠山名师张南阳的手笔，是现存江南园林中最大、最完整的黄石山（图2-13-2）。山以武康石组块堆叠，整体浑然，气势宏大。其中山景丰富，有石壁深谷，幽邃岩洞，泉流山涧，石梁飞渡。尤其以一条纵深的涧谷切入山腹，使雄浑山体呈现南向两条支脉，渐低而与池、溪交融，别具特色。山上则磴道曲折，前后两条山径，前山一条沿山

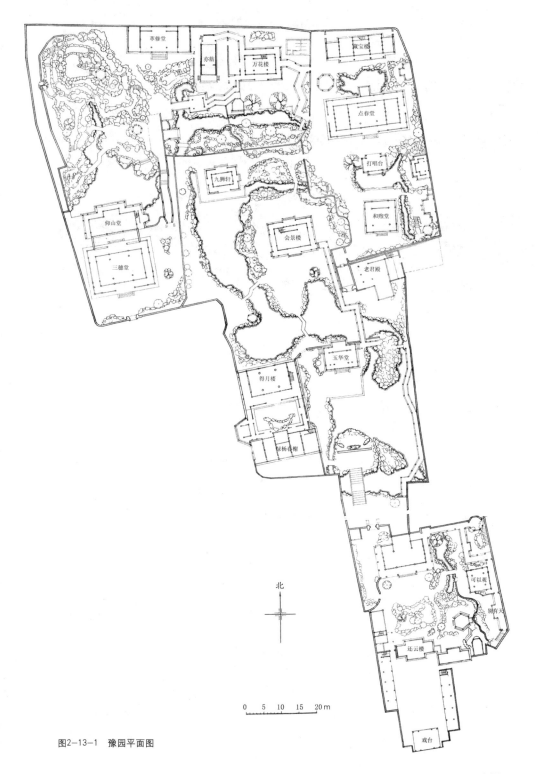

图2-13-1 豫园平面图

图2-13-2　大假山

势起伏，有奇险之趣，后山一条越曲洞盘旋而上，危峻无比。山前水池开朗，水湾屈曲而入山间，外设三折纤桥、中架石板小梁，成为层次衬托，使谷涧更显深远。山上古木苍翠，极富山林氛围。

此山之景，有多处亭阁场所可作多种不同方式的观赏。山脚设"挹秀亭"，如在山中近观。山巅为"望江亭"，昔日为城内制高点，是海上文人重九登高赏景之处，在此可远眺望黄浦江景。南侧一楼，上为"卷雨楼"、下为"仰山堂"，隔池正对大假山，是山景的主要观赏所在，山体之层次、山势之起伏、山谷之曲折、山石之肌理，均可得最佳视野（图2-13-3）。堂池东侧，循东南小门而入为"渐入佳境"廊，峻嶒山景可得由远及近的动观。由此廊一直向北，至假山东北侧，依园北墙布置有"萃秀堂"，面山而筑，可近赏山阴峭壁危崖，是园中难得幽僻宜人所在（图2-13-4）。

在仰山堂之南，此区还有一座大体量的"三穗堂"，之所以营造如此宏伟，因其原为全园主堂，明时称"乐寿堂"，清代重建，南向正对广池，水景视野极佳。然而自从大池及其中湖心亭、九曲桥被划出园外，堂前隔以围墙，此堂也成入园后的过渡，地位尽失，徒呼奈何。

图2-13-3 仰山堂隔池正对大假山

其他园景

大假山一区往东,进入东部景区,由多组相隔的院落组成。

首先是"万花楼"一区,其前有鱼乐榭、会心不远、两宜轩围成的水院,山石依壁,清流狭长,其上隔以花墙,水复自月门中穿过,望去觉深远不知其终(图2-13-5)。两旁古树秀石,荫翳蔽日,意境幽极。此处深静小流,与西侧的雄伟假山、开朗水池形成有趣对比。又利用复廊联系、水榭过渡、漏窗分隔,顿使空间扩大,层次增多。

其东为以"点春堂"为中心的一组营造。堂东南有湖石小山"抱云岩",石洞之上建有双

图2-13-4 大假山后石壁

层高阁（图2-13-6）。堂前"打唱台"临池而建，池南为"和煦堂"，前有山石竹木，东有"静宜轩"幽静小院（图2-13-7）。点春堂后隔小池有"藏宝楼"，池西为古井亭，池东小山，上有"学圃"小轩，山下有洞可通。此区建筑密集，多沿轴线布置，东侧沿墙狭小空间中，极尽细致处理之能事，轩亭隙处，导以泉溪，堆以峰石，配以花树，但难免生硬拥塞之弊。

进入点春堂景区的西南侧院则顿觉开阔，此区面积较大而仅"会景楼"、"九狮轩"两座轩馆，且池面宽广，水木清瑟（图2-13-8）。此区

图2-13-5 鱼乐榭前墙分水院

经过20世纪80年代的再造，注入了陈从周先生的精心设计构思，在会景楼前开出曲池，与九狮轩前池水曲折贯通，并延伸至南侧"玉华堂"前，又在池东建游廊，西南一角建"流觞亭"、对面叠湖石池山"浣云"，从而形成豫园中以水景取胜的特色之区（图2-13-9）。

其南为"玉华堂"，隔池南对著名太湖石峰"玉玲珑"，属豫园旧物，为现存江南湖石峰中的稀有佳品。此处一度平地孤石已不成景，陈从周先生开前池、立后墙、配翠竹、对洞门，寥寥数笔而使奇石之景气势顿显（图2-13-10）。玉华堂东南又有湖石"积玉峰"，从清代"也是园"中

图2-13-6 点春堂东南石山高阁

图2-13-7　和煦堂后打唱台

图2-13-8　九狮轩前池景

图2-13-9　玉华堂后池景　　　　　　　　　　　　图2-13-10　玉玲珑

迁来。以此石之名，又叠"积玉山"、建"积玉廊"（图2-13-11）。此区之西又有"得月楼"庭院，小院置景甚精。

旧日"内园"在东南一隅，占地二亩多，主厅"晴雪堂"前，花木参差，奇峰兀立，东侧小池，亭廊、花墙周绕，曲折有致，层次丰富。南、西两面有三座楼阁绕庭而立，成院内景物屏障，具高低错落之趣。

总体评价

豫园为历史园林经过复杂变迁的突出例子，由私园而成庙园，由完整大园而遭肢解分割，由文士雅韵为主而转入商贾俗趣增多，屡损屡修，旧景渐失。今日园景芜杂而不成系统，已无完整的园林构思可谈。即便如此，豫园仍然不失为一座古典名园。园中所存明代黄石假山，尽管只是旧

图2-13-11　玉华堂前池景

园中的孤云断锦，却珍贵异常；玉玲珑石峰依然无恙，仍熠熠生辉。而园中其他所存园景现状，仍有不少值得肯定之处，水石之巧、空间之趣，颇有可观。而一些与旧园情趣相悖的烦琐增饰、拥塞营造之类，也可作为一种当时风尚的历史痕迹，正是园林历史变迁的例证展现。

豫园现状已不仅是明清历史遗留的积淀，还加入了近年维修中的创作，尤其是东部景区，打上了陈从周先生个人的鲜明烙印。这种古典名园的改造设计，非造园修为极高而不可为。陈先生对豫园的再造，在古园之中再添胜景，与刘敦桢先生的南京瞻园南部池山新造有类似之处。此种改造，在今日注重历史原真性的遗产保护观念要求下，已不宜复制了。

第十四节　嘉定秋霞圃

沿革概况

秋霞圃位于上海嘉定老城内。约在明朝正德、嘉靖年间,工部尚书龚弘创园于宅后,当时称"龚氏园"。隆庆年间,宅园曾短暂归徽商汪氏,万历初年归还。

明清易代,龚氏没落,宅、园又归汪姓,作较大建设,有十景名目,并易名为"秋霞圃"。

清雍正四年(1726),地方士绅集资购此园捐予邑庙,从此该园变为城隍庙后园,具有城市公共园林意味了。其时,秋霞圃东邻、创于万历年间的沈氏园,也一并成为庙园。

咸丰年间,此园遭受了江南诸多园林共同的劫难,园内的亭台楼阁全毁于太平天国兵燹。光绪二年以后陆续重建,进展缓慢。1920年改设启良学校,又几经更迭,尤其"文化大革命"中又损毁严重。直到1980年开始整修,1987年开放。

今日的秋霞圃由一庙三园共四个景区组成,不仅包含旧龚氏园(桃花潭景区)约八亩,还纳入了东侧沈氏园(凝霞阁景区)约四亩、北侧创于明万历年间又毁于咸丰兵火的金氏园(清镜塘景区)约二十亩,以及东南侧城隍庙景区,总面积约四十五亩(图2-14-1)。

江南私家园林

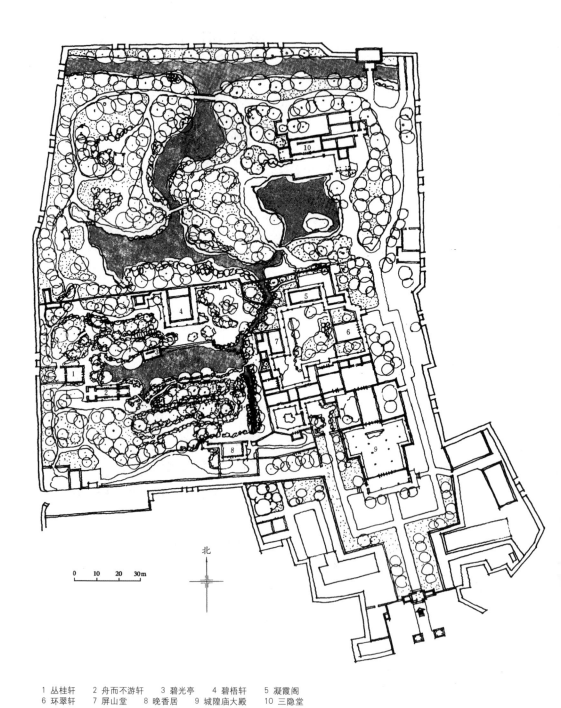

1 丛桂轩　2 舟而不游轩　3 碧光亭　4 碧梧轩　5 凝霞阁
6 环翠轩　7 屏山堂　8 晚香居　9 城隍庙大殿　10 三隐堂

图2-14-1　秋霞圃平面图

主池景区

秋霞圃的园景精华亦是核心景区为原龚氏园所在，以东西狭长的"桃花潭"为主水面（图2-14-2）。在池的南北侧，按传统造园核心区的常规做法，从北至南布置"堂—台—池—山"序列，以池北四面厅"山光潭影"（又名"碧梧轩"）为主堂，厅前石台宽敞，临池筑石栏，隔池正对南假山，为全园主要山景（图2-14-3）。池并不宽，假山东西延展，于主堂前如赏横披小卷。这与拙政园远香堂前主景方式类似，只是南北朝向相反。山由湖石叠成，临池为嶙峋石壁，其下又有低平石矶小径，行走其间颇有真山水间之趣（图2-14-4）。此种手法，与南京瞻园北假山和无锡寄畅园假山相类似，为叠山妙品。山上古树多株，疏密有致，山后有亭隐约可见，山不大而有山林氛围。此山名"南山"，取自陶渊明"悠然见南山"之句；而山北"桃花潭"之名又来自《桃花源记》，可见主人对陶渊明之追慕。

主堂对景之外，主池西侧又营造出一个丰富幽雅的景致区域。以桃花潭西端水面为核心，周围几座建筑顾盼有姿。此处池北又有黄石小山，名"松风岭"，又称"北山"，所叠石壁，浑成而颇具古意，与南山的湖石玲珑形成对比；小径盘旋，石洞之上，有六角小亭"即山亭"，可俯瞰潭影，旧日更可远眺园外城墙、农田风光（图2-14-5）。池南有"池上草堂"，以隔水北山为对景，与园中主堂隔池对南山的格局方向相反而距离尺度大为缩小，成有趣对应，方法简单而效果极佳。"池上草堂"与其东"舟而不游轩"连为一体，成轩舫形式，如水畔不系之舟；轩东向开敞，可近观左水右山之景（图2-14-6）。与"池上草堂"与"即山亭"的南北隔水之对相类似，此区又有东西亭轩相对：北山东南有"碧光亭"（又称"扑水亭"）突出池面（图2-14-7），池水西岸则是"丛桂轩"隔台面水。从而，此区一组山水建筑，姿态各异而相互呼应，规模小而景象丰富，成全园中最富趣味所在。

而此隅建筑不仅自成一区，更对全园景致的营造有着重要的作用。碧

图2-14-2 桃花潭西侧东望

图2-14-3 主堂前隔池湖石假山

图2-14-4 假山上回望主堂

图2-14-5 主堂西侧黄石假山石洞上小亭

图2-14-6 黄石山对岸建筑组合的船舫意味

光亭为全园各景联络的关键所在：既是主堂前山水序列与池西景区的过渡，也是二山之间的过渡；不仅是全园临水观赏的最佳场所，也是近赏二山之景的最佳位置；同时，更构成了东西长向水景中的一个主要视觉节点，隔出空间层次，与寄畅园"知鱼槛"类似，对深远景象的营造有较大作用。而丛桂轩正是欣赏这幅深远园景之处，为整个东西向池景的最佳观赏场所；同时与其周围各山水屋舍一道，又成为在桃花潭东端进行西望的丰富对景。这种东西向相互纵贯的赏景营造，与拙政园主池有着异曲同工之妙。

其他景致

在主池景区的山水建筑景致格局之外，秋霞圃尚有其他一些园景及细节营造值得品赏。

桃花潭东西长向的主水面以聚为主，无桥横跨，而在周边，池水以溪流延伸，成无尽之感，则往往设小桥，既为渡水之赏，又是水景层次。在池南假山与舟而不游轩之间，作水口湾环，泉流仿佛出自山中、汇于池内，其上有一石板"涉趣桥"，虽小而为明代遗构，其名与"南山"、"桃花潭"同出陶潜之文（图2-14-8）。池东南角有园内著名景桥"三曲

图2-14-8　湖石山下涉趣桥

图2-14-9　池东三曲桥石雕

桥"，两边低栏柱上凿有小狮，桥面二侧刻有圆寿字，两端刻有蝙蝠，因而也称"福寿桥"（图2-14-9）。桥下溪流回环，直至湖石假山南麓。

秋霞圃中也有置石之景，最著名的是西侧池上草堂与丛桂轩之间庭院内的"三星石"，三座湖石为明代遗物，有秀润透漏之趣，鼎立于绿荫丛中。因似三位龙钟老而分别取名为"福"、"禄"、"寿"，故有"三星"之名。

桃花潭之东的旧日沈氏园，也有与主池景区相呼应的营造。池东的屏山堂，与池西丛桂轩互为对景。堂左右缀以花墙，凝霞阁踞东墙外，登阁上则西借龚氏园、北借金氏园之景。阁前小院用"旱园水做"之法，以铺地幻出水意，扬州寄啸山庄东院也有类似做法（图2-14-10）。

"山光潭影"主堂后的东侧有"枕流漱石轩"，取《世说新语》故事，其后有流水、其前有名"枕琴"的黄石。轩向北临池，设有一道鹅颈靠栏，可闲坐欣赏池北金氏园中景色，也成借景之趣（图2-14-11）。

图2-14-10　东部沈氏园小院

图2-14-11　主堂东侧枕流漱石轩北向借景

总体评价

　　秋霞圃是现存江南私家园林中的一件高水平作品，尤其是核心主景区部分，虽占地不大，但其布局构思上大处着眼、小处着手，无论山水营造还是亭轩配置，布局紧凑而思虑精巧，手法洗练而境界丰富。该园还呈现着与今日江南常见晚清园林迥异的较早期园林特点，如叠山风格与明代同类作品一致，多样精彩空间境界的获取也不用廊、墙等手段，可见其珍贵历史价值。因而，尽管秋霞圃在历史上的记载与名声并不突出，也曾屡遭损毁，却仍是极为重要的江南文人园遗存，与苏州网师园可并成前后不同时期、不同风格的小园营构的杰出代表。

第十五节　松江醉白池

沿革概况

松江古称华亭，明清时期为府城所在，人文荟萃，经济富庶，是私家园林极盛之地，规模较大者不下数十，今日保存完整的仅醉白池一处。

醉白池位于松江县城西南，其地传为宋代松江进士朱之纯的"谷阳园"，晚明画坛领袖董其昌在此处建造"四面厅"、"疑舫"等建筑，曾广邀文人来此吟诗作赋。清初顺治年间，曾任工部主事的画家顾大申，购入明代旧园后重新葺治，因仰慕白居易的风雅园林生活，故效法北宋宰相韩琦筑"醉白堂"故事，取园名为"醉白池"，表达自己希望如白居易《池上篇》所描绘的那般饮酒作诗醉卧于此之意。

乾隆年间，此园归曾任丹徒县训导的顾思照，加以整修，今日主池景区格局基本形成。嘉庆二年（1797），又被松江善堂购得，园内设育婴堂。此后又陆续有所增建，主要是一些周边建筑物。

旧园面积仅一公顷余，1959年全面修复并对外开放后，扩出外园，面积增至五公顷多。新园多草地疏林，空间尺度都比较适应现代公共园林的活动需求。此处仅就旧园部分进行赏析（图2-15-1）。

主池景区

醉白池如其园名所表达，以白居易《池上篇》为意境追求，在园貌上以水池为景致营造的核心。初建园时，池面较广，约三四亩，今仅剩约一

江南私家园林

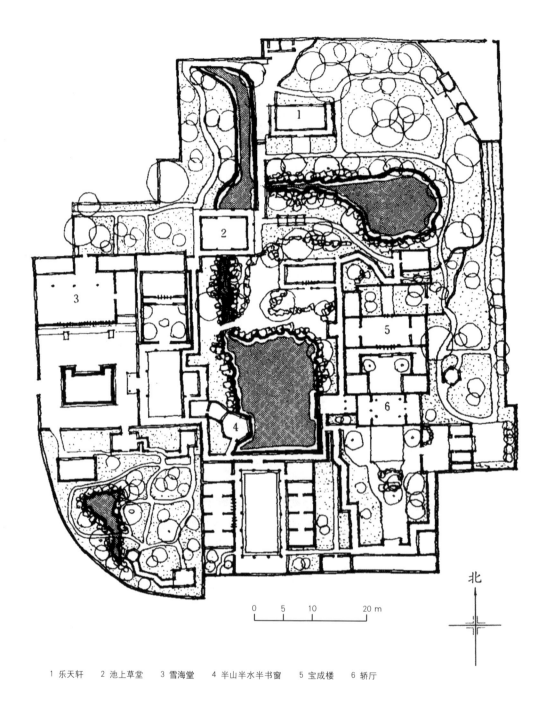

1 乐天轩 2 池上草堂 3 雪海堂 4 半山半水半书窗 5 宝成楼 6 轿厅

图2-15-1 醉白池平面图

亩。现存主池呈南北长方形，中、北部黄石驳岸略有曲折，推测为在原有方池基础上改筑而成（图2-15-2）。晚明之前，方池作为园林主水面的做法很常见，晚明造园大变革之后，池岸常被特意改筑为曲折自然之形，如一代造园名师张南垣的一项经常工作即是"方塘石洫，易以曲岸回沙"。大约也正是旧池改造、未作大变的原因，水面仍以聚为主，较为简朴明快。环池三面皆为曲廊亭榭：东南面的大湖亭（图2-15-3）、东北面的小湖亭、西面有六角亭，均与廊相贯连（图2-15-4），槛凳小坐，可赏池中游鱼、天光云色、古木倒影。而主堂位于北侧，距主池稍后。

这一主池区的景致营造，与苏州网师园有诸多类似之处：同位于住宅的西侧，宅园紧邻；同是水为主题、池为主景；主池同是接近方形的聚合水面，而池周廊、亭相接。从中也可看到传统造园中的一种常见格局与技法的处理。这种布置的相似也带来游园体验的诸多一致之处，尤其在园、宅交接处的效果，住宅山墙成为园界背景，二园在池西岸洞门的东望效果如出一辙。

图2-15-2　主池之景

图2-15-3 池东"半山山水半书窗"亭伸于水面

图2-15-4 池西亭廊

二园毕竟仍有诸多差异，比如醉白池仅有一些石峰而无假山营造，而网师园中在池南有黄石山"云岗"，成为北岸重要对景。江南园林中以水景为主题的不少，但不作叠山甚至土坡也无的却很少见，完全没有山景使得醉白池较他园少了一些魅力。另外，网师园水池周围尤其南北两侧，通过建筑进退、山石树木及小院空间，营造出丰富多变的视觉形象与空间感受，但醉白池南部一带，池廊之外即为园墙，缺乏深度变化，无论从北部主视点南望还是绕池游赏都有丰富性不足之憾。

不过醉白池也有他园未有的一些自身特色。主池周边布置，南紧北松。池西北隔小桥有小溪连通而北去，溪上有聚石作拱洞状，其上"池上草堂"跨水而筑，南北皆可赏深远水景，是江南园林中少见的主堂布置方式（图2-15-5）；又有屋前乔木参天，窗后翠竹玲珑，四周廊下，恬适幽雅。其东"柱颊山房"，四面轩敞，面池背石，前有广庭，巨樟荫蔽，是园中极为闲适之处（图2-15-6）。从池南月洞门隔池北望，层次丰富，呈现如画（图2-15-7）：水石清洌布于前，堂轩错落位于后，其间巨树似盖，密叶如云，而远处白墙青瓦若隐若现，更添极佳画意情趣（图2-15-8）。

其他园景

"池上草堂"之后，水面分为两支，一支往北继续延伸，状如小溪直通园北墙西偏而止，另一支从桥下东流，汇入一片池面，形成东北一区，与南部主池区氛围不同。东西向水流之北，有老屋名"乐天轩"，其名也明确追随着敬慕白居易的全园主题。轩旁林木苍翠，怪石嶙峋，小桥流水，一派古意（图2-15-9）。其南又有"疑舫"，为旱船小轩，环境清雅。此区布置松散古朴，与主池周边的紧凑精致形成对比（图2-15-10）。

主池之西，有"雪海堂"院，现为入园后的过渡院落。宽阔院中，有一不到半亩的方池，石栏华整，北岸伸出平台，可作俯瞰睡莲游鱼的静观（图2-15-11）。这种方池为中的布局，是旧时常见的庭景，今日所存的江

图2-15-5 "池上草堂"跨水而筑

图2-15-6 "柱颊山房"前庭花石

图2-15-7 池南门洞观北岸

图2-15-8 池北巨樟荫蔽

图2-15-9 园后部溪流之侧的"乐天轩"

图2-15-10 水畔旱船小轩"疑舫"

图2-15-11 "雪海堂"前方池

南园林中已不多见,这里尚存古意。同时,以小池为入园铺垫,也提示着全园的水景主题。

园东住宅三进,保留着旧时格局,从宅入园多处可通,其间过渡多可玩味。此外,园中石刻碑碣较多,这是该园的一大特色,布置于园内廊壁和部分庭园。尤其在主池南廊壁上,嵌有《云间邦彦画像》石刻28块,镌从元到清初松江府乡贤名士百余人之画像,刻画甚工。与主池区相接的,还有近世加建的"玉兰园"和"赏鹿园"等院落,但与主题已较远了。

总体评价

在名园迭出、精雅著称的诸多江南园林中,醉白池的景致营造的丰富精彩并不算非常突出,但仍有一些显著特色。首先是其主题鲜明,池为主景的布局呼应着对白居易《池上篇》的追求,园主人的寄托得以清晰表达。其次是作为现存上海五座完整古典园林中唯一未归邑庙、宅园俱存的私家园林,保留着较多早期园林的痕迹。如不造假山、纯以水景为胜,在现存晚近园林中较少,却是晚明以前园林所多有,如初创的苏州拙政园等;又如方池的形态较明显,甚至主池之外的庭景中再次明确出现,这种被晚近造园极力避免的形态如此突出,在作为晚明变革核心的苏、松一带江南地区已非常少见。

第十六节　无锡寄畅园

沿革概况

无锡园林在明清时营造亦颇盛，如明代的"西林"、"愚公谷"等都是与真山水结合的名园，现较完好保存下来的仅寄畅园。

寄畅园位于无锡西郊惠山东麓、锡山西北。明嘉靖六年（1527），有"九转三朝太保，两京五部尚书"之誉的秦金，致仕回乡以后，利用惠山寺的僧寮"沤寓房"改建成别业（后世文献中还提到"南隐"僧房，其实为他处别业），取名"凤谷行窝"——"凤谷"来自秦氏所居，有"凤麓宗祠"、"凤山书屋"；"行窝"来自北宋名士邵雍，表达园林简朴素淡。就园貌而言，只是据地形、理土阜，开涧听泉、疏点亭阁，景色自然幽朴。建园之后，秦氏后人共有三次较大规模的扩建与改筑。

第一次是明嘉靖三十九年（1560），此时"凤谷行窝"已转给同宗的秦瀚、秦梁父子，园中开"碧山吟社"，当时诗文多以"凤谷山庄"称呼该园。秦瀚仿白居易《池上篇》进行经营改筑，凿池叠山，建亭设桥，景致更为丰富，尤其是水景。

第二次是明万历二十年（1592），被贬黜罢归的秦燿，寄抑郁之情于山水之间，对家园进行全面改造，七年始成，并取王羲之诗句更园名为"寄畅园"，有王穉登作园记、宋懋晋绘园图。园中构列二十景，虽多有堂阁楼榭，但仍以水石花木的天然之景取胜。

第三次在清康熙六到七年间（1667—1668），秦德藻、秦松龄父子将秦燿之后被分裂的寄畅园合并，并聘请当时最负盛名的造园名家张南垣之侄张鉽改筑，在旧日格局基础之上，对园中山水、建筑做了大的改造，令时人有焕然一新之感。此次改筑奠定了寄畅园今日所见的基本山水面貌。

秦松龄交游广泛，诸多名士到访，留下大量园记、诗篇，且有名家绘图，寄畅园遂为天下名园。又有康熙皇帝六下江南、七幸寄畅园，更使此园名声大振。乾隆皇帝不仅效其祖父南巡驻跸该园，且在北京的清漪园（今颐和园）内万寿山东麓建惠山园（今谐趣园），模仿寄畅园韵景色和意趣。

咸丰年间的太平天国之役，寄畅园遭严重破坏，所幸山水结构基本未变，直至光绪年间才稍加修复。1952年秦氏后裔将祖园献给国家后，又进行了全面整修。一些被毁建筑近年才得以恢复，使盛时园景得以大致呈现。

今日寄畅园占地约十五亩，山池占其大半，南部又有祠堂院落等建筑组群。旧日园门东向，现主入口改在南侧（图2-16-1）。

山池主景

寄畅园最为人称道的是其中的山池主景。园林的主体部分以狭长形水池"锦汇漪"为中心，池西南为林木繁密的天然山野景色，东、北岸则以建筑为主（图2-16-2）。这一山水景致，有着不同于一般城市宅园的浓郁自然风光，此特色的获得，是充分利用了园址所在的有利条件，并进行了出色的山水营造及植物与建筑的配合。

就山景而言，寄畅园位于惠山脚下较平坦的地段，本无自然山形，但在明正统年间，巡抚周忱在此堆土成阜，作为惠山寺的"青龙"护山；秦金筑凤谷行窝时，即利用此地形而成园内山景，山有曲涧，汇入方塘，这一山水基本构架此后便一直延续下来。秦瀚时在此叠石筑山，秦燿时更垒石成洞（名"桃花洞"）；至秦松龄时，张鉽进行了大的改动，形成以土为主、配以置石的山麓岗阜，林木蓊郁、宛若天然。此山起伏有势，向东对着锡山，向西则与惠山形成呼应；而为强化园外借景，张鉽将原先山旁

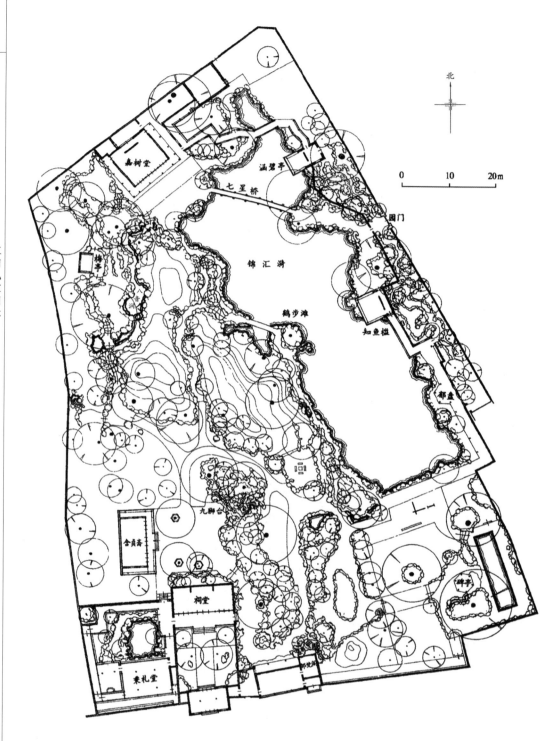

图2-16-1 寄畅园平面图

图2-16-2 主景山水

的建筑全都移向东侧水池对岸,从亭廊隔水西望,惠山似从远处连绵而入园中,假山犹如真山余脉。园内小山之景与园外大山之景连为一气,大大拓展了景象空间,这正是因借园址形势的极妙手笔(图2-16-3)。

就水景而言,寄畅园也是充分因借了地利:将惠山二泉之水引入而成极佳水景。秦金时主要借以开涧听泉,秦瀚时开凿曲池;秦燿时更以水泉为全园特色,王穉登《寄畅园记》称"秦公之园,得泉多而取泉又工,故其胜遂出诸园上",汇集泉水的"锦汇漪"有"可十亩"之广。张鉽改筑后的水景,仍保持了碧波弥漫、明净开朗的大片池面,更使之成为全园空间的核心来组织园景。这一泓长形池水,给人以萦回曲折、深邃莫测之感,这来自池景层次的巧妙设置。山麓之侧的滨水滩道,不时伸入水中,形成石矶,高低曲折,形成水湾;并在水池中段伸出"鹤步滩",并配置斜出的枫杨,与东岸伸向水中的"知鱼槛"相呼应,使池面突然收缩,

图2-16-3 池西林木蓊郁的山麓岗阜

形成有分有聚、有收有放的层次变化，景象呈现得格外生动有致，也是不多见的以植物为分隔营造空间重要手段的例子。以此处划分出的两侧水域，南侧以聚为主，北侧则着重于散，有长桥"七星桥"斜跨而分隔池面；东北角跨水廊桥，障隔水尾，池水似无尽头，益显其水脉源远流长之意（图2-16-4）。从而使空间若断若续，曲折多变，形成丰富的景色层次和深度。

　　而山水结合之妙，还集中体现于"八音涧"的营造（图2-16-5）。这是假山之中以黄石堆叠的涧峡，长三十余米，西高东低；人行其中，忽浅忽深，时阔时狭，曲折高下，如入深山幽谷。这一谷涧的更妙之处，还在于结合了奔流的山泉。惠山泉水从园外经过暗渠，伏流入园，在涧溪西端汇集于一小池，再引入涧底道路一侧石槽，时左时右，时宽时窄，时明时暗；水流淌其间，忽急忽慢，忽聚忽散，忽断忽续。汩汩潺潺，不绝于耳，空谷清响，犹如音乐。山林之趣，莫过于此。这一精彩营造，更添寄畅园的魅力。惜近世有所损伤，涧底抬高、两侧树木减少，气势受到

图2-16-4 "七星桥"与东北跨水廊桥形成水院　　图2-16-5 "八音洞"入口

削弱。

　　寄畅园山水魅力的呈现，与观赏场所的布置也是分不开的。山林之景，除山上"梅亭"隐于一侧（图2-16-6），主要以东岸廊亭隔池相对，"知鱼槛"、"郁盘"、"涵碧亭"等，或前或后、或正或侧以静观，又有游廊相连，可作动观（图2-16-7）。而园中主堂"嘉树堂"前为全园最重要赏景之所，其前有山水并置之观，更有水面层次之景；且几条主要山水游径——山麓水畔之道、东侧跨池之廊、七星桥、八音洞，均汇集于此；而堂前平台之上，还可远眺锡山及其上的龙光塔，是另一极佳借景——园外山景顿入园中，更使园林空间感受强烈扩大（图2-16-8）。

其他园景

　　除山水主景外，寄畅园中尚有其他一些值得关注的景致与营造。

图2-16-6 山上"梅亭"隐于一侧

图2-16-7　主池东岸亭廊

图2-16-8　主堂前远眺锡山龙光塔

园林入口，原先在园之东侧惠山横街（旧称秦园街），有砖雕大门，门屋之后小院，右转到达临池的知鱼槛，入园伊始即可见湖光山色。惜1954年拓宽横街时，东园墙缩进7米，门屋拆除，入园序列严重遭损，砖雕大门北移。改筑的园门过于逼近主景区，形成开门见山的格局，实为无奈。今日主要从南侧入园，则避开了这一问题。

　　今日园南入口处原为祠堂，为园中远离山水的一组庭院。其中秉礼堂是贞节祠的西院花厅，在园内诸建筑中制作最精，当是清初旧物。堂前院中布置有小池置石，可算是寄畅园中的一座园中园（图2-16-9）。

　　秉礼堂小院之北的含贞斋之前，有一组叠石名"九狮台"，呈现山石舞动之势（图2-16-10）。此类以象形状物为主题的叠石，欣赏石中蕴含的勃勃生机，渊源有自而长久流行，现存著名的有苏州狮子林、扬州小盘谷、宁波天一阁等多处。然而明末以来，画意造园盛行，江南园林中更为主流的假山营造则是张南垣提倡的真山之感，寄畅园中张鉽所筑的大假山正是这一流派的突出典范。九狮台与其侧的大假山，正是两种不同欣赏方

图2-16-9　秉礼堂小院

图2-16-10　含贞斋前"九狮台"（左）
图2-16-11　东南角的碑亭、方池、"介如峰"序列（右）

式下的两种叠山系统的呈现，并置一园之中，生动地反映着江南园林审美与营造的多样性。常熟燕园之中，也有类似共存。

　　这种反映着历史多样性的景致营造，在寄畅园中还有一处。在园林东南角，有一碑亭，前有方池，隔池正对"介如峰"，这正是早期小园习见的"亭轩—方池—山石"的序列模式。"介如峰"又名"美人石"，乾隆帝赐之"介如"之名，更受关注。而这一序列，正是对这一名石欣赏的郑重体现。可惜近年整修中，方池改小、碑亭移位，古意不存（图2-16-11）。

总体评价

　　在所有现存的江南古典私家园林中，寄畅园在多个方面有着独特的地位。

　　首先是历史悠久，名声卓著。其建园之早，名流作记、吟咏与绘图之多，江南名园中仅拙政园相仿佛；而寄畅园更得到帝王青睐，康熙、乾隆帝的驻跸、乃至效仿建园于御苑，这种名望仅狮子林可相比肩。而更难得的是，建园后四百多年未属他姓，除清雍正年间短暂籍没入官，一直为锡山秦氏家族所有，这在现存江南古园中仅宁波天一阁可相媲美。

其次是造园条件得天独厚，艺术水准首屈一指。比起江南私园大多为城市宅园、难有外景可借，寄畅园依傍锡、惠二山，且得二泉之水，引入园中，充分借景，使人顿感园景之广。而名手张鉽的改造，更使假山如在真山之麓，谷涧如在真山之中，水木清瑟，林壑幽深，古朴自然，不落窠臼，在诸多江南名园中独领风骚。

最后是经历多次出色改造，体现造园时代演变。寄畅园有过三次的大的改动，每次都是园主极力追随着当时的造园意匠潮流而精心布置，明清江南造园的重大转变也在这些改筑中呈现出来。如果说嘉靖后期之改仅是从简单到复杂，万历年间的改造已出现了许多时代新意（如池上长廊等），而到康熙改筑，则更激进地否定以前观念与做法，所谓"园成，而向之所推为名胜者，一切遂废"，正是明末清初造园大变革的鲜明体现。而张鉽所筑的这座假山遗存，是典型反映着张南垣"截溪断谷"、"陵阜陂陀"造园特色的作品，在张南垣本人所造假山一概无存的今天，尤为珍贵。而张鉽对寄畅园的改造主要集中在山水主景部分，对之前园景的颠覆也并非彻底，其后的零星增建也仍有旧时观念的延续，园中至今还同时保留着一些早期园林欣赏方式之下的常见内容，如方池、九狮台等。这些遗存的并置出现，使寄畅园成为难得的展现江南造园变革史与多样性的鲜活场所。

第十七节　常州近园

沿革概况

常州亦为江南核心地区，历史上造园也多有记载。近代存留的有"近园"、"约园"、"未园"、"意园"等，皆表达未全之意，成此地园林命名的特色。其中以近园为保存最完好、艺术价值最高。

近园在常州市中心长生巷，原系明万历三十二年（1604）进士、官至陕西布政使的恽厥初（1572—1652）的别业，明亡后恽家败落、园林荒废。清康熙六年（1667），顺治九年进士、官至福建延平道按察副使的杨兆鲁辞官返乡，购入荒园，重加经营，历时五年而成，取"近似乎园"之意，命名为"近园"。康熙十一年（1672）近园完工以后，杨邀请著名画家恽南田、王石谷、笪重光等雅集园内，杨作《近园记》，王作《近园图》，恽书石，笪为之题跋，一时传为盛事，现题记与跋残碑仍留园中。

同治初年（1862），园为福建按察使刘翊宸所有。光绪十一年（1885），恽氏后裔、时任汉黄德道的恽彦琦购回此园，改名"复园"以怀念先祖，后又称"静园"，民间则一直俗称"恽家花园"。

20世纪50年代，近园先后为市政府、总工会办公用。60年代后，长生巷招待所（1981年改称常州宾馆）迁入，后一直由常州宾馆使用管理至今。因历史上以近园时期名气最大，现仍以此为园名。

园西侧原为恽氏的大片宅第，因建宾馆而被拆除，目前仅余最后一进小院，见证当年宅园一体的关系。

今日的近园占地约七亩，总体布局与《近园记》可大致对应。从平

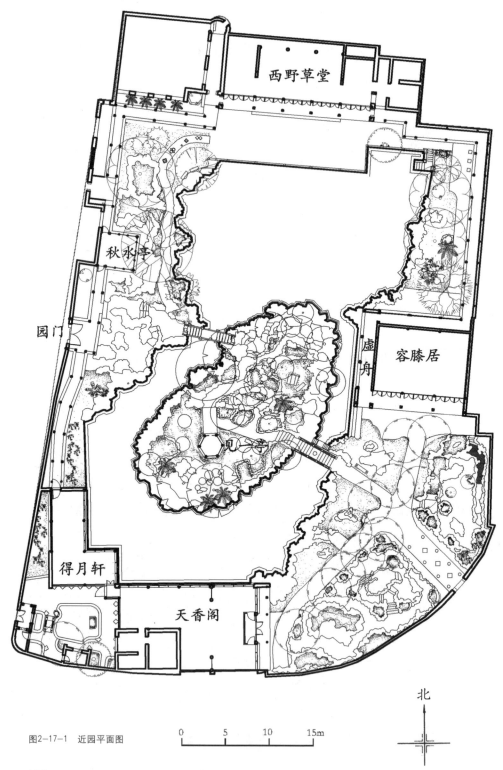

图2-17-1 近园平面图

面布局来看,为中有大池、池中一岛、池周建筑的方式;而从实际效果来看,园中有各以水面为组织的南北二区,中以山林相隔,而两片池面在山林的东西二侧各有溪流相通。这里就按此不同二区,分别进行赏析(图2-17-1)。

北池景区

近园的北部是其主景区。西侧园门入内,北过"秋水亭",沿廊北行、折西,可达园中主堂"西野草堂"("恽家花园"时曾名"息影山房"),五楹南向,前有平台,视野开阔(图2-17-2)。台前大池,名"鉴湖一曲"。隔宽阔池面,正对假山一区,黄石叠山,崚嶒多姿,中现幽洞,顿显空灵;其上古木荫翳,插入云霄,一派深郁山林景象(图2-17-3)。这是早期园林常用的"堂—台—池—山"主景序列,然而此处较惯例多了深刻的新意:假山并非简单在前长向展开,而是更多转向后部延伸、尤其是西南方向,林木间隐约可见山后远处的小亭,而池水也在假山东西两侧往后延伸而去,遥无尽头。这样,就使得堂前主景的纵

图2-17-2 "西野草堂"南向以平台临池

向深度大大加强，尤其是两侧池水，曲折而南，透露出南部的远景层次。而在横向上，假山两侧因以水与旁隔开，形成主景面的顿挫对比；西侧略宽，有石桥联系西岸，东侧水狭，有廊屋对望。

对于这座主景假山的欣赏，还远不止从主堂的正对远观。在主池西侧，岸径之后的叠石之上，"秋水亭"占据高处，正对池面，可从侧前方中距欣赏这一假山，可见峭壁临水、悬崖陡峭之状（图2-17-4）。陈从周先生称之"崖道、洞壑、磴台，楚楚有致"。

"秋水亭"右前方，一座石桥高高跨水而过，便可到此山中，磴道透迤，石径盘旋，如入真山（图2-17-5）。可至山巅，俯眺池景；从东侧拾级而下，可进入山腹中"垂纶洞"。洞口仅容一人低身进入，洞内石壁可漏外景，可作静心小憩。洞口之上，藤蔓覆盖，叠石高起，为全山主峰，与南侧山体以磴道相隔，呈主次相分。

假山东侧，隔狭窄溪涧，有"虚舟"之廊正对，在此侧坐于美人靠之上，山景扑面，纤毫毕现（图2-17-6）。可近观丘壑、细品山皴，也可俯赏洞影、细数游鱼，如置身于真实山川之间。廊以直壁入水，北端有叠石伸出，与假山相夹，成一峡口，仿佛有相连之势，也增加了北望主景的层次。

"虚舟"廊北端为墙面，设圆形窗洞；东靠"容膝居"山墙，轩名来自白居易《池上篇》。在其后廊之北，有折廊绕池东北角，与"西野草堂"相接（图2-17-7）。此段做成碑廊，多名家书画碑刻作品。因其偏于一隅，与池岸间有竹木相隔，境界幽邃，正适合安心读碑赏字。

南池景区

池水假山在北部面池处高耸，往南侧则逐渐成缓坡而低，山径也随之而下，旁林木蓊郁。至南侧平坦处有一座小亭，名"见一亭"，六角攒尖，升鸢斗栱，方格挂落，内封天花，为全园最精致建筑。亭位置谦逊，隐入丛林，中可四望，景象空间北密而南疏（图2-17-8）。

图2-17-3 主堂正对山池主景

图2-17-4 西侧"秋水亭"据高处面池

图2-17-5　岛山西侧溪潭石梁

图2-17-6　"虚舟"廊正对岛山西麓洞壑

图2-17-7　主池东北绕以折廊

图2-17-8 "见一亭"据于岛山南侧

亭南可俯瞰水潭，此为近园南部池面，并不宽阔，东西两侧转向作溪流与北池相通。水池西南安置一组建筑，南为"天香阁"，当年附近应植有牡丹；西为"得月轩"，取"近水楼台先得月"之意，可东赏月景初升的水中倒影（图2-17-9）。二者均为不规则曲尺形平面，屋顶组合自由，交接轻盈。建筑以直岸入水，隔池对"见一亭"周围竹景。此处原还有书斋"安乐窝"，以追慕北宋大学者邵雍而得名，今不存。此区以这组建筑为主要赏景点，向西北侧观另一种水木之景，空间紧凑，景致清幽，与北部主景区面貌迥异。

"得月轩"之北，沿院墙有廊北连入园门屋，此处行进中可观南北二池在西侧相通的曲折谷涧之貌，是山池营造的另一番意匠（图2-17-10）。

图2-17-9 西南侧临池"天香阁"与"得月轩"　　图2-17-10 "得月轩"北池畔沿墙曲廊北连入园门屋

图2-17-11 "容膝居"西南跨涧微型拱桥及旁新建拱桥

"天香阁"至"容膝居"之南，为近园东南角，园墙在此开一次门，有湖石假山堆叠，为近世后作。"容膝居"西南池畔，设置石矶，有跨涧小拱桥通至池上假山，桥长不过2米，高不足1米，宽0.6米，用三块花岗石，凿出圆拱及相连踏步，无栏无杆，贴水而架，为江南园林小桥中的精品之作。因此桥为游山所必经，考虑当代游人需要，近年在此小桥旁又建一稍大石桥，从而形成一大一小两座并列拱桥，也成此园一个特色了（图2-17-11）。

总体评价

近园基本保留着清康熙年间的格局面貌，为较完整的清前期园林遗存,江南地区已不多见,因而有着珍贵的历史价值。通过置入历史脉络,可以更好地理解此园的出色营造。

就其与晚近园林的差异而言,近园展现了造园手法洗练而园景丰富的特色,而不同于清后期江南园林中多以建筑手段营造多样精巧空间。此园的建筑大体安置于周边,基本仅作为赏景场所而非景观对象,园中山水之间仅有一小亭,且位置谦逊,不设山巅而隐没于林木之后。其主要手法在于山水布置,池中岛山之笔,别具匠心,清晰简洁,举重若轻;于是丰富的山水景象顿出,划分出南北两大境界各异的区域,就水体而言,造就北湖、西湾、南潭、东涧的不同景致境界。在岛山上,则对黄石假山进行着重的营造,峰、崖、洞、台等的景象,手法熟练,为江南园林中叠山的又一精品。

而就其与更早期园林相比的新意而言,园中山水景致的处理,尤其是对于主堂隔池对景这一传统基本营造方式上,是在传统基础上的极大创新,其景观深度大大超越了一般主景假山的简单层次,使得山水画论中的"深远"得到现实空间感的实现,体现着晚明以后江南园林营造在空间性方面关注的突破。近园尽管只是中小型园林,却有着山水纵深感营造的非凡成功,为现存江南园林之中的上乘之作。

第十八节　杭州郭庄

沿革概况

杭州为东南一大都会，湖山胜概又天下闻名，历来为园林繁华之地，南宋时即有私家园林上百处。尤其在西湖周边，昔日园林处处，吴越国与南宋时期有多处皇家苑囿，此后一直私园绵延，直至近代依然兴盛，人称"庄子"，依山傍水，互斗其巧，各逞其胜。尤为著名的，有花港观鱼一侧的"红栎山庄"（又称"高庄"）、金沙港的"金溪别业"（又称"唐庄"）、丁家山麓的"水竹居"（又称"刘庄"）、南屏山麓的"汪庄"等。时至今日，这些园林或遭湮灭、或被改建，保存完好的，仅余"郭庄"。此外，西湖孤山之上的"西泠印社"，是著名的公共风景园。西湖之外，杭州尚有其他一些私家园林留存，如城内胡雪岩故居内的"芝园"、城外京杭运河畔的"高家花园"等，但艺术水准要逊色一些。

郭庄位于里西湖西岸，曲院风荷景区之南、杨公堤（旧称西山路）上卧龙桥之北，占地近十五亩。此地旧有的园林遭咸丰年间太平天国兵火而毁，后丝绸商宋端甫在此建"端友别墅"，又名"宋庄"。光绪年间为福建丝绸实业家郭士林所有，改名为"汾阳别墅"，又称"郭庄"；"汾阳"之名，来自郭氏郡望。后几易其主，园池荒废，建筑改为他用。20世纪80年代末、90年代初，得以修复并开放。

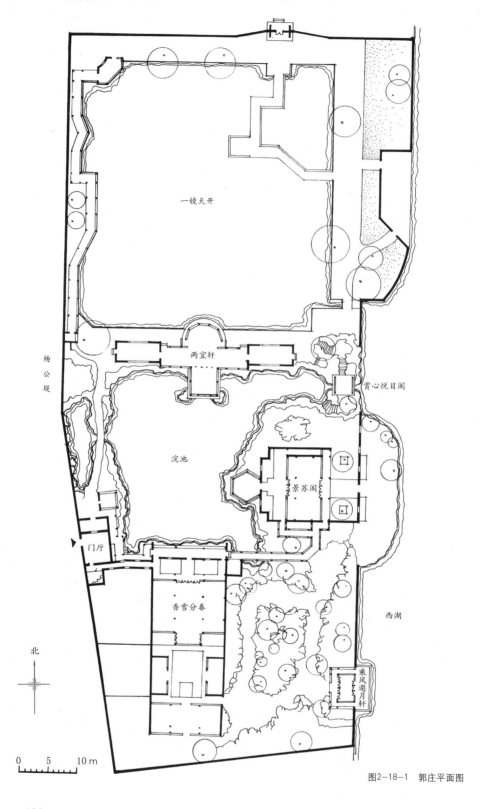

图2-18-1 郭庄平面图

格局面貌

郭庄总体上呈矩形,地形狭长,沿湖长向布局,依南北向可大致分为住宅、内池、外池三个部分(图2-18-1)。

住宅区名"汾阳精舍",又称"静必居",是作为湖畔别墅的生活与接待部分,从杨公堤入园门后,经小厅曲廊可达。这是一座有杭州民居特色的四合宅院,中轴对称,前厅后堂,左右厢房,雕饰精美。院中空地,铺以石板,中有小型方池,石栏围绕,池中植莲,氛围雅洁、闲适(图2-18-2)。

主厅"香雪分春"之北,隔蟹眼天井,临水为廊,进入园林部分的内池区(图2-18-3)。此区以自然曲折形态的"浣池"为核心,湖石驳礅,周以廊榭花木,曲折紧凑,内向清幽,童寯先生称之"雅洁有似吴门之网师,为武林池馆中最富古趣者"。池南轩廊外(图2-18-4),池西有亭,

图2-18-2 "静必居"庭院

图2-18-3　宅池间过渡空间

图2-18-4　池南临水为廊

旁有花丛小径。池东一小亭略伸入水面，后有"景苏阁"东面西湖，因距池较远，楼虽高而不压抑（图2-18-5）。"两宜轩"亘于池北，规则对称，中部突出（图2-18-6）。此轩作为赏景点极佳，但作为对景，嫌其体量过大。池水在东北部向外延伸，连通西湖，水口之上，叠湖石为山，峰峦洞府、峭壁石矶，形神俱毕，为杭州园林中叠石佳作。山顶建亭，为极佳视点。

长长的"两宜轩"之北，则是外池部分，有另一番开阔境界，与内池区的幽深形成鲜明对比（图2-18-7）。此处方池一泓，石岸绳直，水面开阔，架石板平桥，名"一镜天开"，表达着朱熹名诗中"半亩方塘"的意向（图2-18-8）。看惯苏州园林小中见大、精致营造的游者，往往嫌其空旷而了无意趣，其实这种方池也是中国造园的传统之一，为另一种效果追求，浙江地区并不少见，绍兴尤多。

临湖景观

作为西湖边的"湖上庄子"，郭庄的最大特色是在于与园外景色的关系，从而临湖一面的处理尤其精心。

对外向湖面借景，西湖园林无一不是如此，郭庄在这方面做得尤其精心，临湖设有多处特色不一的观景场所。在建筑上，"赏心悦目阁"在假山之巅，位置显要，视野开阔（图2-18-9）；"景苏阁"可作主要观景活动的聚集，位置退于平台、花墙、树木之后，体量虽大，隐而不显；"乘风邀月轩"直接临水，周设外廊，可在檐下作亲水近观（图2-18-10）。其他沿湖各处，也非简单开敞，而是有隐有显，作多样安排，如"景苏阁"花墙前，设临湖平台，可在小坐中安享湖景，甚至可在此上下游船；多处设置矮墙，通过漏窗依稀漏景；另有门洞、窗洞，可作框景妙赏（图2-18-11）；最奇的是假山设洞，可作山中洞景以赏外湖。从而，西湖的水色天光与六桥烟树，可从各种方式得到丰富感受，借景之妙，可谓无以复加。

除东借西湖之景，西湖周边的山景同样也是借景的重要内容，如西有

图2-18-5　池东小亭及其后"景苏阁"

图2-18-6　池水在东北隅向外延伸及池北"两宜轩"

图2-18-7 "两宜轩"北对开阔池面

图2-18-8 "一镜天开"方池

江南私家园林

图2-18-9 临湖假山之巅的"赏心悦目阁"

图2-18-10 "乘风邀月轩"直面西湖及葛岭远景　　图2-18-11 "景苏阁"前门洞外平台正对西湖苏堤

双峰插云，南借南屏幽姿，北视葛岭如画。

而除了向外观景，临湖之面的设置还有着被观景的需要。从西湖之上、苏堤之中望来，郭庄的楼阁亭廊、山石林木，形成各种高低参差、进退层次、疏密畅闭的多样景致，郭庄从而也作为西湖构成的一部分，为西湖之迷人景观更加添彩。

总体评价

郭庄占地不大，但景致丰富，特色鲜明。首先，作为西湖之畔的园林，外借湖景成为园中的最佳得景方式，这也是计成《园冶》中"江湖地"造园的典型，所谓"略成小筑，足征大观"的极佳体现。而在向园外湖面开敞取景的同时，又在园内进行精心营造，从而使全园同时具有外向与内向两个方面的特色，而两者之间又通过假山、建筑等方式，有空间与景观的渗透。

其次，在内部园景的营造中，采用构成鲜明对比的两个景区的方式。一园而分二部，有不同景观主题，这在许多浙江园林中得到采用，如南浔小莲庄、海盐绮园等。这里与小莲庄更为相似，有内外园之分，内园幽曲，外园开敞。结合江湖地的特点，郭庄二园区皆以水池为主题，但二者手法与境界判然有别，内池精巧雅致如吴地（苏州）特色，外池方直开阔如越地（绍兴）风范，这倒也符合杭州作为吴越交汇之地、兼容并包的性格。

郭庄在20世纪八九十年代之交的维修过程中，修复设计者根据自己的认识对园林进行了一定的增建与改动，如外池西岸增加扇面亭和曲廊，内池东南侧添建廊桥，内池东侧原封闭小亭改为开敞，原石库门式入口改为一斗三升的砖雕门楼，原先全园建筑所用的红、黑之色统一改成清水做法的木质本色，等等。这些增改或许改善了某种园林效果，但一定程度上改变了原有的个性风貌，对于历史园林特色的保护而言是不妥的。

第十九节　海盐绮园

沿革概况

明清时期嘉兴府一地的私家园林，经太平天国之役而所剩无几，所存精华以海盐绮园为最。

绮园位于海盐县城武原镇，同治十年（1871），富商冯缵斋修建于其宅"三乐堂"之后部，当地人称"冯氏园"。冯氏此园有着他人难以企及的条件：一是基址优越，其地原为明代旧园"灌木园"遗址，尚有大片水面与大量古木，殊为难得；二是材料丰沛，冯氏岳丈原有"拙宜园"、"砚园"两座悠久名园，均毁于太平天国兵燹，成为此园充足的山石来源；三是资金充裕，冯缵斋本人为酱业巨头，富甲一方；四是文化底蕴，冯缵斋的岳丈黄燮清为当时著名诗人、剧作家，冯妻黄琇亦才华出众，且自幼受家中名园熏染，因而冯家虽为富商却也文气颇盛（惜黄琇在同治三年去世而未及直接主持绮园营造）。有此四优，从而造就一代名园，得"浙中第一"的美誉。

此园营造规模甚大，主人冯缵斋病逝时尚有屋舍等未及完成，但山水格局已基本完备。至民国年间，冯氏后人继续营造，如1927年建成"凌波水榭"（今名"卧虹水阁"），1930年建造"醉吟亭"（今名"滴翠亭"），1935年重建山巅"小隐亭"（又名"依云亭"），1937年造四面厅"树百堂"（今名"潭影轩"），但匾联未具而抗战爆发。战时被日军驻扎，战后又得到整修。1950年，冯氏后人将此园捐给政府，此后曾一度辟为疗养院、政府内院、人民公园、博物馆等。今日宅园俱存，关系清晰，为浙江省规模最大、保存最完整的园林。

绮园现状，占地约十五亩，大体以水为中心，以山为结构，建筑少而疏朗，林木茂盛浓密。作为全园骨架的假山，将全园分为相对独立、差异显著的前后两部分：前部是以主厅为核心的山水区，对水面山、后作屏障；后部则是主要景区，山水相依，假山从北、东、南三个方向环抱水面。作为此区中心的池景与东北侧的山林，都各有鲜明特色（图2-19-1）。

山水营造

由绮园西侧园门入内，首先到达相对较小的园林前部主厅一区，这是以"潭影轩"为核心的山水区（图2-19-2）。主厅前为平台，临碧池一泓，隔池有假山相对，跨水有曲桥可渡，此格局为江南园林所常见（图2-19-3）。而此区仅一屋而已，其前满目山池野趣。以其布置之精当，石峰之丰富，游径之多变，虽然叠石技艺尚欠水准，但山水之景已颇可一观，且古木高荫之下，幽闲恬静氛围，境界自出，许多园林有此一区足以称胜，但这还远非此园精华。

前部主厅与相对假山之间的水池，从潭影轩东侧绕过而北流，穿越假山之下的涵洞，连通后部的主体池面；就游人而言，从主厅向北，又有假山为障（图2-19-4），或从山洞中穿越、或从"美人照镜"峰绕行，即豁然开朗，到达主体水面一区，扑面而来的是一般城市园林中所罕见的村野水乡风光。此水景特色大致有四。一是建筑少而野趣多。与一般园林以主厅临主池不同，此园主厅在外部自成一区，从而池畔没有大体量建筑的相临逼迫；视野之内，周围仅三座亭轩，或远或近、或高或下地散布，绝无高厅广台之气派，更无游廊旱船、隔墙漏窗之多变，而更横生自然野趣。二是两道相交长堤，在各地私家园林中绝无仅有。一般认为设计本意是模仿西湖的白、苏二堤，但西湖的辽阔旷朗感毕竟难以企及，就此有限范围的景象效果而言，不仅提供丰富的景观层次，更犹如村野河池之堰堤，

图2-19-1 绮园平面图

图2-19-2　主厅"潭影轩"南临水面

图2-19-3　主厅西南曲桥通池南假山

图2-19-4 主厅北向有假山为障

而带给人以水乡风致的亲切体验（图2-19-5）。三是水面空间三面围合而向西部开敞。江南园林一般以水池为中心，四周均有山林或屋廊，呈围合之感；然而这里一反常态，西部池岸，简单开敞，从而与常见的内向幽深感不同，此处更显开朗的乡野之态（图2-19-6）。四是以多样的桥梁为反复出现的主题。首要的罨画桥为私家园林中少见的拱桥，下可通舟，这正是江南水乡河道上的常见景象。绮园以此而顿生别具一格的水乡野趣特色。

图2-19-5 池中堤、桥为特色

图2-19-6 北部大池向西开敞

　　沿池堤徜徉北行,过罨画桥,即进入东北部的假山区。此山规模甚大,虽有湖石、黄石混杂的弊端,但更具匠心独运的处理,形成在他园所不及的山林体验。从山脚西侧入内,行进于一条长达二十多米的邃谷,两壁陡峻,谷道蜿蜒,眼前往往有意外之趣,偶现石梁飞渡,宛若探奇于深山(图2-19-7)。无锡寄畅园八音涧亦有此效果,而这里的两道飞梁更添层次与变化,为童寯先生所称道的此园二巧之一(另一为水中长堤)。峻谷尽处,深山之中,现一幽潭,潭水清洌,中有一岛,石梁可渡。此区极为安静幽邃,安坐潭岛之畔,蔽日浓荫之下,感清风之拂,闻鸟鸣之声,瞰游鱼之姿,体会清幽静谧之境,顿生隔世尘外之意(图2-19-8)。作为中国文人园林所着意追求的避世幽隐之境,在这里得到出色的强烈表达。除此邃谷、幽潭之外,绮园假山的多样山道与山洞营造也颇有特色。各处姿态逶迤的石山,常设多处山道,左右盘纡,上下交错。又有多个隧洞,

图2-19-7　邃谷蜿蜒，石梁飞渡

图2-19-8　山中幽邃潭岛

各具特点，或盘曲，或分叉，明暗效果也极具变化（图2-19-9）。山中多样洞、桥、径的设置，也呈现出如狮子林般的迷境。

其他园景

绮园中的另一个为他园难及的特色，是众多的古树名木。园中百年大树即有五六十株，更有三四百年之龄的明代旧园古木，形成森郁浓荫，烘托山林境界。正如主厅潭影轩内著名书法家王蘧常

图2-19-9　厅后假山的丰富山洞

所书联云："两浙名园此称首，参天古木更无俦。"在众多古木中，以香樟为多，郁然成丛；而其中紫藤，最显多姿，尤以北山之水畔一株，盘根错节，蜿蜒曲折，苍劲有力，颇具特色。

绮园的特色除了构成主要景观的山池林木，还体现于其他如亭榭、桥梁等的营造。各座建筑形态不一而各具特点，但更重要的特色在于，建筑之少、布置之稀、景观构成中地位之次要，与苏州园林形成鲜明对比。错落散置的四座亭榭，是作为山水主景之辅而出现，作为观景场所的意义明显大于被看的景观意义。南侧潭影轩，为宴客之处，另成一区而远离主景区；东北主峰高处之上的"小隐亭"，可远眺东海、俯观全园、垂瞰深潭（图2-19-10）；西北一隅的卧虹水阁，前临大片水面，东堤、罨画桥及其后"滴翠亭"形成中远景的层次，又与周围的山水翠木和谐配合、隔池相映，组成一片旖旎的风光，山水景象层次丰富；东侧"滴翠亭"则又从反

图2-19-10　"小隐亭"踞于东北主峰高处　　　　　图2-19-11　堤、桥东侧"滴翠亭"

方向回望,以两水夹堤的水乡田园风光为主景(图2-19-11)。

　　绮园中的桥梁为反复出现的主题,有十余座之多,或浮于水上,或凌空山中。其中三座最有特色:罨画桥体量最大、形态最鲜明,为私家园林中少见的拱桥,且石栏柱头雕以小狮,桥身两侧的桥洞旁各有一联:东侧额为"罨画",联为"两水夹明镜,双桥落彩虹";西侧额为"观濠",联为"雨丝风片,云影天光"。主厅西南的跨池长桥,宛转九曲而不生硬,行进体验颇为丰富。滴翠亭南一座三跨板桥,貌似普通,四座桥墩却是削得极扁的菱形花岗岩石柱,像四把利剑插入水中,桥因此得名为"剑墩桥",也称"四剑桥"。

　　此外,在潭影轩西北,还有一座常为人忽略的小方池,成为点缀。这种在园林大面积曲池之外又另辟小方池,却也在晚明以前的园记中常见,如苏州拙政园在建园之初,除主水面"沧浪池"之外尚有单独"水华池"

这一座方池，见于文徵明的诗画。历史的脉络或许在此时隐时现。

总体评价

绮园的最大特点，是有着与以苏州为核心的其他诸多江南园林相迥异的独特面貌，与苏州等地晚近园林通过建筑方式造成无尽空间效果的园林效果大异其趣。在这里，淳朴的自然意趣是主导的追求，乡野与山林境界是主要的呈现，水、堤、石、林的配置是主要的营造方式，而人工的建筑完全是配角的地位。许多人常将中国园林固定化理解为多人工而少自然，绮园则可以呈现出人们常规认识之外的另一种风味。其实这样的特色还在许多其他传统园林中都有体现，但就江南地区而言，绮园乃是此类风格中现存规模最大、效果最佳、保存最好的古典私家园林作品。

要理解绮园风格与苏州等地江南园林的巨大差别，需要认识到江南地区内部造园传统的地域差异。一方面，绮园所在的海盐传统上属于越地，与作为吴地中心的苏州在文化上有一定不同，这在一定程度上也体现于造园；另一方面，现存苏州园林大多为晚明造园大变革之后的成果，而海盐在变化中心之外，所受影响有限，因而相当程度上保留了早期的造园方法与园林形态。可以说，绮园这一现在看来较为独特的风貌，其实来自于早期本地地域性造园文化的历史传承。

就园林艺术自身而言，绮园的精彩成就诚如陈从周先生所言，"变化多气魄大"、"能颉颃苏扬二地园林"，无愧于"浙中第一园"之称；而就园林营造研究而言，绮园的特殊风格也是探究早期造园及地域造园的极好参照，以其特色且能跻身中国有代表性的名园之列。可以说，未见此园，远未窥中国园林的全貌。

第二十节　湖州小莲庄

沿革概况

太湖南岸的湖州地区，亦属江南核心，历史上造园也一度兴盛。尤其在南宋时期，湖州（吴兴）一地成为当时全国私家园林最兴盛处之一，有《吴兴园林记》描绘当时盛况。明清以来，湖州地区造园以南浔镇为最盛，正如童寯先生谓"宋时江南园林，萃于吴兴"、"吴兴园林，今实萃于南浔"。本地水陆交通便捷，丝织业高度发达，经济富庶，文化昌盛，在清末有"宜园"、"适园"、"觉园"等，今日规模较为完整的仅存"小莲庄"。

光绪十一年（1885），南浔巨富刘镛（字贯经）购得镇南栅万古桥西的一片荷池及其周围土地，开始造亭榭、植花木、建家庙，中经刘镛之子刘锦藻的规划经营，最后由其长孙、著名藏书家刘承干于1924年建成，前后凡四十年。园占地二十七亩，其中水面近十亩，遍植荷花。因慕元末大书画家赵孟𫖯建于湖州的"莲花庄"，故名"小莲庄"。

作为庄园的小莲庄，包括东部的园林和西部的家庙、义庄三部分。庄西与刘镛之孙刘承干创建的嘉业堂藏书楼隔河相望，楼前有园，延续自宁波天一阁以来的书楼结合园林的传统格局规制，是今日难得保存完整的书楼园林胜景。

这里仅就小莲庄的园林部分进行赏析，园分"外园"和"内园"两部分（图2-20-1）。

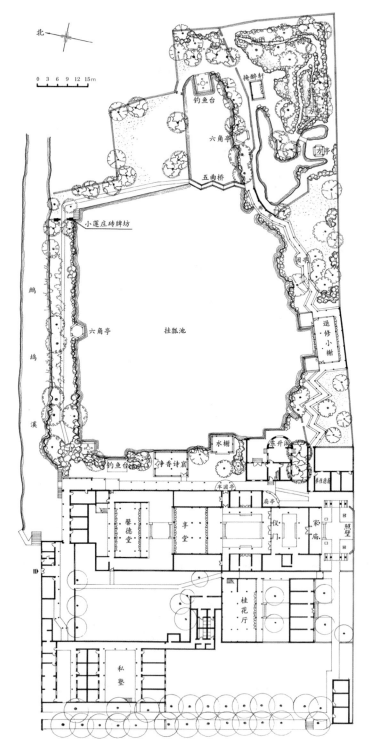

图2-20-1 小莲庄平面图

外园景致

外园是小莲庄的主体部分，以大池为中心，周布错落建筑与郁葱花树。池略成方形，古名"挂瓢池"，有十亩之广，池中植荷，夏日幽香清远，更点出园名主题。此大片集中水面奠定了此园以水景为主的面貌特色，呈现出辽阔的水乡沼泽野致。

此区布置的另一特色是北侧园内外的关系的处理，并非常见的以墙相隔、自成一体，而是在荷池与其北的"鹧鸪溪"之间，筑一平直长堤，宽丈余，堤侧种竹植柳，以植物划分空间，却又可以依稀漏景，使园内外相互借景（图2-20-2）。这一手法与一般园林迥异，而与苏州沧浪亭的外向略有相似，但这里更显出水乡园林风范。堤的西端有入园建筑，又有水码头，亦可乘船到达，也是水乡特色。上岸东行，在柳堤东端，建一西洋式的红砖牌坊，作为当年小莲庄的象征性入口（图2-20-3）。

柳堤中部，南侧有一六角小亭凸入荷池水面，是近赏池荷与畅观园景的好去处。亭的隔池南岸，遥对全园主体厅堂"退修小榭"（图2-20-4），此厅平面呈"凹"字形，两翼突于水上，扩大了与荷池的交界面，成为品茗赏荷之绝佳处。榭的两翼为曲折游廊，西廊连接书斋"养性德斋"，东曲廊连接"五曲桥"，隔水与"东钓鱼台"相望。曲廊的南侧遍植桃树，花开时透出一片春意。

挂瓢池西岸有多组错落临水的建筑（图2-20-5）。南侧"东升阁"为西洋式的两层楼房，室内有西洋柱头和壁炉之装饰。其北隔一突入池中的水榭，有四面厅名为"净香诗窟"，是主人邀集文人雅士临水赏荷、把酒吟诗之处。这里建筑结构最精妙处是南北设有两座天花藻井，一为升状，一为斗状，故又俗称"升斗厅"。这别具一格的构造，为海内孤本。更北侧与长堤西端相交处设一"钓鱼台"，池水在此处与外溪水相同，旁亭廊山石布置得宜，具界而不界、隔而不隔之意。这些建筑的西侧，为南北向笔直的碑刻长廊，西壁间嵌有刻石四十五方。

池的东岸，原有"七十二鸳鸯楼"已毁，楼的南侧有百年紫藤株，枝干卷曲如卧龙，一直延伸到南侧的五曲桥顶（图2-20-6）。池水在五曲桥处向东部伸入，为"小荷花池"，东侧又有"钓鱼台"，其后叠石；水旁又设小亭，成一小水院区（图2-20-7）。此处东行南转，则入"内园"之区。

内园营造

内园位于东南角，周围有高墙与外相隔，山水清雅，亭轩有致，形成自成一体的小园。与外园以水面为主的开阔景象形成鲜明对比，这里是以山景为主，景象幽深。

从北墙东侧的园门进入，先到达园北部的"掩醉轩"，为此内园的主厅，前对假山一座，占去园中占地大半。山的主体以剔透玲珑的太湖石堆

垒，峰峦沟壑起伏，山路曲折萦回，颇具小中见大的气势，不失为叠山的上品之作（图2-20-8）。山上遍植青松红枫，山巅筑一方亭，名曰"放鹤亭"，可作俯瞰、远眺。山下幽洞森然，石级小径曲折其间，亭榭错落于绿树丛中，虽布置简单，却也不失幽趣。

东麓筑为缓坡之状，延伸至东北园门之前（图2-20-9），形态逼真，这种"平岗小坂"的造山方式，为明末清初造园大师张南垣所提倡，但现存此类实例不多，这里是水准较高的一处。

山的西侧为一泓清池萦绕，作为假山的配衬，不过因营造绕水路径，山水相依的关系不够密切。池南有方亭，可近观山水。亭近南墙，在西南角落一带，筑靠壁假山，是此类营造中较佳的例子（图2-20-10）。

水池在西北角与外园大池相通，连通处的围墙上开漏窗，从而内外园空间在此流通；而内外园都在此靠墙处水上架桥，外园甚至桥上架榭，引导人们接近，从而成相互借景之观（图2-20-11）。

图2-20-2　池北长堤及其侧小亭

图2-20-3　长堤东端入园砖坊

图2-20-4　池北小亭遥对南岸主厅"退修小榭"

图2-20-5　开阔池面及西岸之景

图2-20-6　大池东南亭廊与曲桥

图2-20-7　主池东延而成一小水院区

图2-20-8　内园中主体湖石假山之景

图2-20-9　内园入口及山麓缓坡

图2-20-10 假山西侧水面及池南方亭

图2-20-11　内外园水池相通

总体评价

　　小莲庄在诸多江南园林之中呈现着强烈的地方特色。首先，外园以宏敞水景为主要特点，且平堤为界，宛如村景，与一般江南园林以"小中见大"的追求大异其趣，表达出鲜明的水乡园林特色，这种辽阔水面为城市宅园所难以企及；同时，也透露出一种浑厚率直的古意——这种直截了当的自然开阔感的呈现，往往在早期造园记载中常可见到。其次，"内外园"的结构，规模上一大、一小，主题上一以水为主、一以山为主，境界上一开阔、一幽深，对比鲜明，使园林体验得到极大丰富。这种内外二园、外园以池为主的格局，在以往南浔其他园林中也有相似使用，应是本地的一种通用方式。

　　另外，园中的诸多建筑营造也体现着近代商人园林标新立异的特点。如退修小榭的别致平面、净香诗窟的特殊天花、东升阁的法国式细部、砖牌坊的巴洛克式线脚，等等，多中西合璧的创造，体现着园主人穷尽心力地争奇斗妍、标榜风雅时尚。这种以外来式样引入传统园林的做法，在许多近代江南园林中也可见到，有时会对传统园林意境的营造产生损害，如扬州晚清城市宅园之建筑的过分关注、庞大营造，往往导致对园景的压迫；但在小莲庄中，由于空间开阔，建筑上的些许花样对整体园林空间效果影响不大，倒是增加了些别样意趣。

第二十一节　南京瞻园

沿革概况

南京作为十朝都会，地位显要，历史上私家园林也极为繁盛，尤其两个时期最值一提：一在六朝，为当时新兴文人园的主要集中地；一在晚明，有王世贞《游金陵诸园记》等的大量记述。然而历经劫难之后，今日仅余瞻园一处尚有明代遗物；另有建成较晚的煦园，一直为衙署园林。

瞻园位于南京城南，近秦淮河，久负盛名，被称为"金陵第一园"。初为明代开国元勋魏国公徐达府邸的一部分，约在嘉靖年间，徐达七世孙徐鹏举创为园林，万历间又作增建。园在宅西，王世贞《游金陵诸园记》中称之为"魏公西圃"，在徐氏家族诸园中以"华整"为特色，有"逶迤曲折，迭磴危峦，古木奇卉"的山林景致。入清后，魏国公府改为江宁布政使司衙门，该园从此成为衙署园林。"瞻园"之名约在清初已有，康、雍年间的宫廷画家袁江作《瞻园图》，所绘园景比现状要广大、复杂得多；《江南通志》（乾隆二年重修本）"瞻园"条称之"竹石卉木为金陵园亭之冠"。乾隆二十二年清高宗二下江南时驻跸此园，御题"瞻园"，回京后又在长春园中仿造以"如园"，更添此园盛名。然而太平天国之役中此园被严重损毁，虽有同、光年间二次重修，仍日渐荒残。20世纪30年代童寯先生前来实地踏勘，仅余八亩的南北狭长之地。

1960年代，刘敦桢先生主持重修，扩北部山水、造南部假山、增东部曲廊小院，尚未完全实现规划而因文革中断；直至1987年扩修东部，完整实现刘敦桢先生的修整意图。经修整后的瞻园，以鸳鸯厅"静妙堂"为核心，大致可分为北、南、东三部景区。堂北为全园主景区，保留了最多的历史遗迹，空间旷朗，水石清雅；堂南一区空间虽小，而山池精妙；堂东侧有南北向曲廊延伸，其东为新增建的几组院落，各有特色（图2-21-1）。

2009年，瞻园完成三期北扩工程，在原有基础上向北增加十余亩景区。此区与历史园林部分关系不大，且不在刘敦桢先生的修整范围之内，此处不予详论。

山池主景

作为全园主景区的北部，基本保留了历史面貌，呈南堂、北山、西坡、东廊的格局，中间所围合的区域，偏北为与石假山相依的水面，偏南为静妙堂前的平地，其阔大几乎接近水面，并向水岸成微坡，略呈湖水拍岸效果，这种一改习见的以堂前平台临水对山的做法，为古典园林所少见（图2-21-2）。

这一区中的主要景致无疑是北部山池（图2-21-3）。此山以太湖石叠成，体量大而不高。其主要特色，首先是下部临水处理，大致仍保持明代原貌。面水石壁，下有石径临水，由东西二贴水石梁联络两岸。小径一侧依石壁，一侧面水池，并伸出石矶漫没水中，略具江河峡间纤路、栈道之意（图2-21-4）；在呈现自然情趣的同时，既形成了岸线变化，又丰富了低平层次，且在强烈对比中更显石壁高耸。此种山水相依之法，为现存孤例，甚为难得。其次是盘纡山径，磴道盘回，似塞又通。从东、西两侧可摄足登山，西部纵深山谷，谷上有旱桥凌越；谷中望山愈显高远，山上瞰谷则幽深莫测。再次是山巅平台，原先有一座六角草亭，整修时改为一扇大石屏以增山势，也借此对北墙外之建筑物有所遮蔽。增叠的石屏以大块的壁状石竖缝紧贴立面，呈三叠状，如国画中大斧劈皴法，颇有气势。石屏的做法，见于明代袁宏道《吴中园亭纪略》中对徐泰时"东园"（今苏州"留园"）的记载，称之"高三丈，阔可二十丈，玲珑峭削，如一幅山

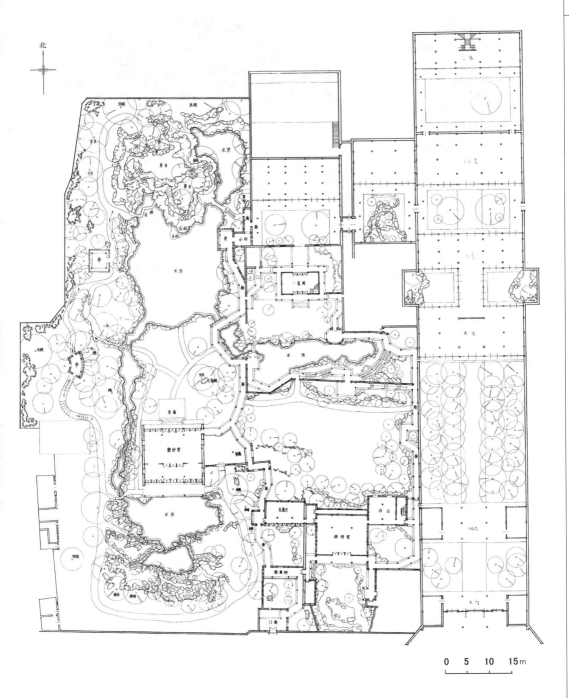

图2-21-1 瞻园平面图

图2-21-2 西区主山之上南望静妙堂及其北平地

水横披画，了无断续痕迹"。这一做法如今在他处未见，刘敦桢先生在瞻园中做了可贵实践。此外，山腹中有诸洞可穿，惜今日不可互通；改造中又将水池沿山东部向北扩展出一个水湾，增池水环抱之态，添景物变化与深度；东北角新叠临池峭壁，主峰高达八米半，作为石屏的呼应烘托。

西侧所营造的是山麓景象，南北延伸，土山为主，呈陵阜陂陀、平岗小坂之态，仅临湖一侧用湖石堆叠（图2-21-5）。山上林木茂密，具天然山林野趣，同时又将西墙外的建筑物挡于视线之外。山上前后有扇面亭、岁寒亭，掩映于苍翠丛林之中（图2-21-6）。山侧有一洞口，可作探幽之趣。

北部池水通过静妙堂西的溪涧，连通至堂南一池（图2-21-7）。此处原为一个池岸平直的扇形水池，改造为自然山池。池南假山为刘敦桢先生殚精竭虑之作，先绘图样，继制模型，再比照施工，亲临指导，一丝不苟，经过数年的精雕细刻，成就传世杰作（图2-21-8）。该山营造有着多方面的特色。一是山体组合上，呈向前环抱之势，前低后高，颇具层次，前一层次且有池间水面布置湖石与石矶，可作近距行进观赏。二是形

图2-21-3 主堂北望主山之景

图2-21-4 北山石壁之下有石径、石矶及贴水石梁

231

图2-21-5　北山水畔西望岁寒亭

图2-21-6　西侧山麓景象及其上扇面亭

图2-21-7 溪涧连通南北水池

图2-21-8 南假山之景

图2-21-9 面向正对假山东家的净妙堂

态刻画上，上部的峰峦组合上，参差错落；朝向主要的观赏点"静妙堂"的正面（图2-21-9），利用石壁沟槽作竖向分割，如自然冲蚀，又显整体块势。三是主体构筑上，最点睛之笔是在中部营造一个下垂钟乳石的大壁龛，形成溶洞奇观，视之深邃莫测；又设人工瀑布，垂于洞口，更添深山幽谷意趣。此外，在营造中，为了省工省料及有利植物生长，筑山采取了土石混合形式；并以小块石料筑成浑然大山，对纹理、体势的摆布，在细微处极为稳当、妥帖，毫无补缀穿凿之痕。山上覆满形态各异的花木，郁郁葱葱。总体上，南假山造型雄浑秀润，从体、面组合到细部纹理，都经过精心推敲与安排，主峰、绝壁、山谷、危径、洞穴、步石、瀑布诸景皆备，呈现嶙峋多姿、自然幽深而生机勃勃之景。既可在静妙堂廊下倚美人靠静观其妙，亦可进入山中、穿行水上进行体验。这一假山可谓是近代以来中国园林叠山最为出色的作品，成功延续并发展了中国造园叠山艺术，也成为瞻园中的一个新的亮点。

东部院落

静妙堂东侧的南北向廊子，亦成园林一大特点。旧时较为平直，改建为曲折逶迤的长廊，贯穿连接南北各处，并与东侧院落形成多样分隔渗透（图2-21-10）。东部大体可划分为南、中、北三区。

南区为若干大小庭院。靠园墙处改造为园林的单独入口部分，入园后由曲廊引导，经三重小院，景面逐渐展开而至堂南山池一区。景面逐步展开，空间由小而大，由暗而明，运用欲扬先抑手法，使进入山池区域时有豁然开朗之感，达到小中见大效果。入口小院东侧另有院落相邻，庭中分置峰石、花台，栽植树木。

中区为开敞草坪区域，周植花木，散置湖石，绕以廊墙。草坪是主景区静妙堂北原有草坡的延续，也是尝试适应现代游览需求，为公众休憩活动之用，而与传统园林氛围迥异。

中区北部入"翼然亭"，为北区水院，东西延展，周以廊庑，间以亭

图2-21-10 静妙堂东侧的南北向曲廊

榭,游人既可静观莲花游鱼之趣,也可在高低左右的弯折行进中体会园林景致与空间的多样变化(图2-21-11)。水面与主景区的假山水池相通;北岸有"一览阁"可作俯瞰。

总体评价

瞻园可谓山奇水秀,林木葱郁;而与其他江南园林相比较,又有着鲜明的面貌特色:在主景区格局上,建筑疏简,空间旷朗,具明园遗风;在具体景致上,假山部分尤为出色,为他园所难及。但若要进一步探讨,还需将今日所见园貌同改造前的旧园相联系与区分。从童寯先生所绘的20世纪30年代平面图可知,旧园更具简朗风格,更多明代"华整"之意;改造以后,增添了出色的景致(如叠北石屏、造南假山)和丰富的变化(如院落的空间划分与层次渗透),更多苏州园林的柔和气质(如直岸改曲岸、直廊改曲廊)。

瞻园的改造曾引发一些不同看法,应如何看待?首先从历史的情境出发来看,在那个历史状况和认识条件下,这一改造无疑是极大的成功。对一个破败失修、只余残部、濒临毁弃的古园,经过第一流专家与匠师的最

图2-21-11 东部水院爬山廊

精心设计与施工，使得历史名园成功增添魅力、重新焕发生机；尤其是新建的南假山，更是造就了20世纪新建古典园林假山的最为杰出的作品，使瞻园更能与其他一流的古典园林相颉颃。这种为古园赋予新的生命力，无疑是一种成功的保护与延续。其次从今日遗产保护的角度也要看到，当年这种更改古园的方式是不宜复制的。今日被普遍认同的遗产保护理论要求我们忠实延续园林遗产的信息，而不是以当代观念进行更改，毕竟每一时代的认识都有其局限性，判断的标准也会随时代变化。当年的改造在增添新魅力的同时，其实也在一定程度上是以牺牲历史园林原真性特色为代价的。如被改掉的扇形水池和平直长廊，当时被认为效果很差，但根据今天的研究，这其实是一种早期园林风格的体现，代表着有异于清晚期苏州园林的一种地方性特色，也更符合早期的"华整"风格。以今日视角观之，此类园林遗产的历史真实性特色应比艺术效果要求更为重要。因此，尽管瞻园改造在历史上是一个出色的修复个案，但不宜作为今日历史园林保护的范例。尤其是遗存今日的历史园林数量已极为有限，我们更应关注保护每个园林在历史上形成的自身特色，而不应轻易变更，更何况今日再也难有刘敦桢先生这样的园林大师来精心掌控了。

第二十二节 扬州个园

沿革概况

扬州是中国历史名城，虽在长江之北，但与苏南经济文化关系密切，常被视为江南的一部分，其丰富的造园活动也为江南园林的重要组成部分，独具特色。扬州园林的最高峰在清中期，当时多有"扬州园林甲天下"、"扬州以园亭胜"等评语，在公共风景园林方面成就突出；19世纪后，则以城市私家宅园的营造为主。完整保存至今的基本是后者，其中最负盛名的为个园。

个园位于扬州新城的东关街北侧，这一带多有旧时盐商的豪宅、私园萃集。个园前身是明代的"寿芝园"；清初为马曰琯、马曰璐兄弟的"小玲珑山馆"，又名"街南书屋"，有十二景，与程梦星的"筱园"、郑侠如的"休园"并称为"以文会胜"的三座名园。其后，园一度归汪氏、蒋氏。

清嘉庆二十三年（1818），两淮盐总黄应泰购入此园旧址，大加改筑，"叠石为小山，通泉为平池"，奠定当今园貌。园主"性爱竹"，字"至筠"也为竹意，园中种竹颇多，以竹叶之形似"个"字，又袁枚有"月映竹成千个字"之诗句，故将该园命名为"个园"，主人又以"个园"为其号，以示风雅。

同治、光绪年间此园被两次转售，但园名未变，园景基本如故。后一度转作他用，多有毁损，园景荒芜。20世纪80年代初大修，成今日面貌。

格局面貌

个园占地约0.6公顷，紧接于住宅后部，是前宅后园的传统形式（图2-22-1）。园中原有住宅五路，房屋二百多间，现仅存东、中路，各

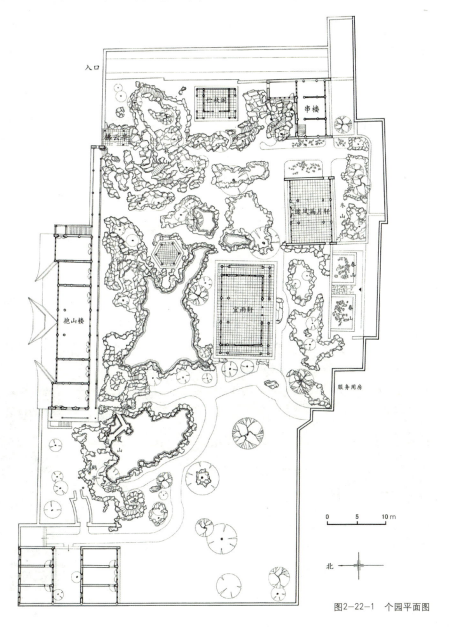

图2-22-1 个园平面图

三进，首进门屋已毁。旧日从宅旁修长"火巷"辗转入园，有重重巷门，渐行渐窄。进巷迎面一株老紫藤，浓荫深郁，清心悦目；再往前向左转经两层复廊便是园门。今日紫藤、复廊皆不存，且从北部转而入园，空间宽绰，与往日情致相异。

园门前左右各一花坛，满植修竹，表达园名主题；竹后花墙，砖砌漏窗，正中开一月洞门，题额"个园"。未入园门即布园景，而花墙西侧断开，园内外空间直接贯穿，似为罕例，其原因是过去有复道于西侧入园，今已不存。

进门绕过小型假山叠石的屏障，即达园的正厅"宜雨轩"，因其南丛植桂花，故又称"桂花厅"（图2-22-2）。此厅四顾无碍，三面为廊，东西廊设鹅颈椅，略如太师椅背，不多见。

厅北为水池，湖石曲岸，四周是园林的主景所在。池东一座六角小亭，名"清漪"（图2-22-3）；隔水池西原有二舫，名"鸳鸯"，今不存。

图2-22-2　正厅"宜雨轩"及前丛桂

图2-22-3 厅北水面及池东"清漪亭"

图2-22-4 池北"抱山楼"连接两侧大假山

水池的北面,一楼如屏障般横亘,开间七楹,造型修长,名"抱山楼",有匾额题曰"壶天自春"(图2-22-4)。两端各以游廊连接楼两侧大假山各一,登楼可俯瞰全园之景。此种重楼叠廊,赏景视野开阔,集会宴客舒适,是晚清扬州园林的一个特色,也见于何园。

东假山之南有一楼,上下皆可通山,名"住秋阁"。阁西南有一硬山小屋,悬"透风漏月"匾额。建筑之前,各有叠石为景。这些建筑位置,略显结构涣散,究其原因,是过去园中有复道廊环绕全园,所谓"曲廊邃宇,周以虚栏,敞以层楼",可从住宅的楼层直通园中的长楼,成为园林中的立体交通系统,也是空间联系的脉络,这与何园中的颇似。今仅存片断遗存了。

西假山南今很空旷,当年是植竹万竿、密筱连片之处,点出"个园"的竹园主题,应另有一番境界。

四季假山

个园中的最大特色,是所谓"四季假山"。四处山景,分峰用石,以石斗奇,为海内孤例。

所谓"春山",是在园门之前的两旁花台上,列挺拔石笋,置修竹之间,比拟雨后春笋,表达苍翠春色,作为园林的开篇实有深意(图2-22-5)。以石笋为"山"的欣赏,在亦属扬州的泰州乔园也可见到,三石笋作假山主峰欣赏。

"夏山"在北楼之西,为湖石假山,秀木繁阴(图2-22-6)。山下池水,有曲桥可入洞。洞屋较宽畅,洞口上部山石外挑,而水复流入洞中,水尾藏起,倍感幽深,在夏口更觉凉爽(图2-22-7)。湖石色青白,剔透玲珑,形姿多变,予人有夏山多态的感觉。山巅小亭,前有古松,松枝虬曲,伸出崖际,增添夏山葱郁气氛。池中植荷,更突出"夏"的主题。

"秋山"在东,为黄石假山,体量最大,是园内之主山,拔地数丈,峻峭凌云(图2-22-8)。假山主面向西,每当夕阳西下,红霞映照,色彩

图2-22-5 入口及"春山"之景

图2-22-6 北楼西侧"夏山"之景

图2-22-7 曲桥可入"夏山"之内洞屋

图2-22-8 东侧"秋山"之景

极为醒目，光影变幻之中，山势毕露，气势磅礴；在悬崖石隙中，又有松柏傲立，苍绿枝叶与褐黄山石恰成对比，宛如一幅秋山图景。此山外形高峻，内部更为复杂；不过一百多平方米的占地，却有峰有麓，有涧有谷，有洞有屋，磴道盘旋，洞窟奇谲，极尽变化能事，形成一条扑朔迷离的山中立体游览通道，游人往往相失（图2-22-9）。山巅有亭，可北望绿杨城廓，瘦西湖、蜀冈诸景，一一招入园内。此处为全园的最高点，登高又是秋日传统，从而加强"秋"的主题。

"冬山"据秋山不远，在透风漏月轩南，以白色雪石（宣石）叠山（图2-22-10）。此山面北，终年处于阴面，白色的石质和浑圆的形体，犹

图2-22-9 "秋山"中的谷道及石梁

如冬日残雪。山南墙上开四排圆孔，风过可成北风呼啸的声响效果，增强了"冬"的意境。此山与园门前的春山仅一墙之隔，隔墙开有两个圆形窗洞，可见数枝新篁，隐喻冬去春来（图2-22-11）。

总体评价

个园中最具特色的四季假山，以四种不同石材营造不同山景，表达出四季景象，体现着这一造园极出色的新意和巧思。这一造山意匠，几乎可说是在一座园林中表达多样"山林"意向的极致，是中国造园中对山景追求的一个高峰；同时，也体现着中国造园中另一个重要传统：对园景四时变化的追求。中国文化中的园林欣赏从来不是凝固化的，而是要顺应天地的时间性变化，在一年四时（春夏秋冬）、乃至一日四时（晨午昏夜）的流转中获得不同的丰富园景体验，如计成《园冶》中就强调"纳千顷之汪洋，收四时之烂漫"，空间与时间的关注同时不可或缺。个园这种通过假山将四季并置于园中，一方面是对四时之景的极度追求，并有着成功的营造；但在另一方面，这种将四季同时纳入园中进行展示，有某种凝固化欣

图2-22-10　透风漏月轩南"冬山"之景

图2-22-11　由"冬山"处隔窗洞看"春山"

赏的意味，这与要求在顺应天时中逐次展开关注的正统审美是有背离之处的。或许正因为这一原因，对于如此明显的造园意图与表达，清人《个园记》中竟只字不提。

除了最显著的山景营造，个园中大体量建筑所占地位也是他园所不多见，现状北面七开间的"抱山楼"如庞然大物，逼视山水。对此的认识，首先要理解这里承载了作为园林目的的社交活动与地位体现，在具体园景作用上也提供了便利的游览方式，临近左右二山并都可从上下联系；过去更有二层楼廊周匝全园，提供极为便捷的流线与视点。以此观之，此楼更多作为活动与视点所在，不宜作为园景对象来要求，如苏州艺圃延光阁也是如此。然而从营造艺术的角度无疑存在着与山水环境不相协调的缺点，即便与延光阁相比，抱山楼距离山水主景过近，空间上的压迫感是确实存在的。这些在何园等园也有出现，是晚清扬州园林中一个有争议的特色之处。

第二十三节　扬州何园

沿革概况

何园位于古运河北岸徐凝门街中段，为清末何芷舠之宅园，附宅包括两园，即"寄啸山庄"与"片石山房"，二园又各自有其历史。

寄啸山庄建于同治元年（1862），曾任湖北汉黄德道台等职、宦囊丰盈的何芷舠，将其建成了有异于传统文人园林的宅园巨制，取陶渊明"倚南窗以寄傲"、"登东皋以舒啸"之意，故题园名为"寄啸山庄"，世人俗称何园，为清代扬州大型园林的最后作品。

片石山房的历史更久远些，为曾被赐任盐运副使的吴家龙所创，初建年代约在乾隆初年；传至其孙吴之黼，园景收缩，更名为"双槐茶园"。至嘉庆年间已颇荒废，曾一度成面馆、戏院。光绪初年间，粤人吴辉谟于此葺居。光绪九年（1883），何芷舠购得宅旁此园遗存，成为何园的一部分。陈从周先生曾根据钱泳《履园丛话》所述传言，认为其中叠山是清初大画家石涛的作品；近来经曹汛先生考证为非，此园初创时代远晚于石涛，叠山匠师为"牧山僧"。虽年代推迟，但仍属扬州园林遗存最早之一。

自片石山房纳入，何氏宅园便分为两个相对独立的部分，寄啸山庄位于何宅后部，片石山房则位于宅之东南；二者分别被称为"大花园"、"小花园"。

民国间，住宅易主，园亦残败，一度为各类单位分别占据，直至20世纪80年代才由园林部门完成收回，整修开放。目前的何园，二园之间的住宅部分也被纳入，有较多中西合璧的特色。这里仅就园林部分进行赏析。

寄啸山庄

寄啸山庄占地约二十一亩，大致可分东西二部，以西部为主要山池景区（图2-23-1）。为招待外客，在园北刁家巷设园门，在陡峻长墙的夹峙间为一月洞门，上有题额，内可见修廊花木，其直率强烈与苏州园林入园引导的曲折多变，可作对比鲜明（图2-23-2）。入园之后到达东、西部之间。

东部为建筑为主的院落。主体建筑四面厅"静香轩"居中，周以卵石、瓦片铺地作波浪，故又称船厅。厅后叠简单湖石假山，有蹬道可上下。登山而东有"月亭"，为一六柱小亭（图2-23-3）；西可登一小楼，与二层的复廊相通而可转至西部楼上。复廊下层有水磨砖制漏窗三方，花纹挺拔清雅，颇能表现出扬州园林建筑的特色。廊下地面用卵石铺成松鹿图案，表现不俗。四面厅东侧，月亭之南，有贴墙叠石，为厅北假山的延续。厅前另有一厅，山花有砖雕牡丹为饰，称"牡丹厅"。今在其东侧院墙开门，作为何园主入口。由牡丹厅向南新辟一巷，可直达片石山房。此区景致相对简单，可作为进入西部主景区前的过渡。

西部以大池为中心，池畔叠湖石假山，建筑大体周绕。但与常见的以主厅及平台正对山水景观不同，这里将假山置于水池的西南，北部建楼，与山景成侧视（图2-23-4）；而正对山景的，则是池中的水心亭。这一布局方式，依稀有小盘谷中假山在池东南隅、北楼偏后而以水榭正对的格局模样，但这里的北楼体量大且位置近，对假山有过多压迫，使假山更显偏于一侧，主景地位大受影响，因而假山虽大却难成景观核心（图2-23-5）。

在假山地位被削弱的同时，建筑的作用变得非常突出，尤其是水心亭，不仅为赏山水之景的最佳场所，更成为空间中心（图2-23-6）。其平面正方形，体量较大，前有月台，右有小蹊，左有曲梁，与南北两岸相通。这一视觉焦点的营造也是有意的，因该水榭原作演出戏曲之用，周围

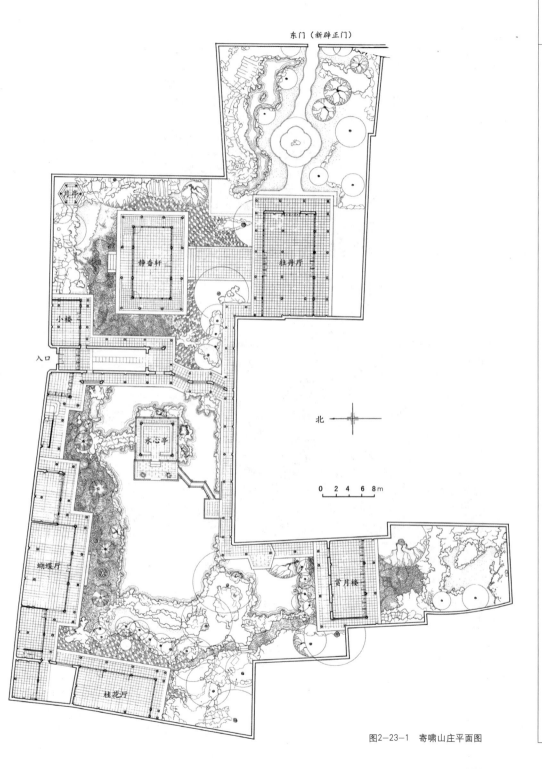

图2-23-1 寄啸山庄平面图

江南私家园林

图2-23-2 北侧入口园门

图2-23-3 东部 静香轩 后山上的 月亭

图2-23-4 西部水池北部建楼侧视西面

图2-23-5 主池西南的假山主峰

重楼复道，都与此有较好的视线关系。从而，传统园林中以作为观景场所为主要意义的亭榭，在则此因生活娱乐的需要，以被观赏为重要目的，园林的格局风貌自然也就大为改变了。

园中最大的建筑是池北楼厅，宽七楹，因主楼三间稍突，两侧楼平舒展伸，屋角又都起翘，有些像蝴蝶的形态，当地人称"蝴蝶厅"。楼旁连复道回廊，可从楼上扶栏览景、听曲，更可与各方交通。这一复道廊几乎环绕全园，长达430余米，并与住宅部分的走马楼贯通，气势恢宏，且有高低曲折，人行其间，有随势凌空之感（图2-23-7）。这一做法，提供了俯瞰园景的高视点连续观赏途径，能得到不同一般的景面序列，是一般园林所未有的国内孤例，成为何园一大特色。然而在另一方面，以大片楼廊围绕山池主景，呈现出建筑的拥塞而少变化，难有旷远与层次，所谓"小中见大"的造园宗旨就难以达到。

此外，池西假山向南延伸，山有洞隧、磴道。其后西侧隐屋三间，因前多桂花，故称"桂花厅"，为20世纪60年代增建（图2-23-8）。从室外磴道拾级而上，可从此转入曲折绕园的复道回廊。池之西南，有"赏月楼"退于后，幽曲多姿，自成一区，与中部主景空间形成对比（图2-23-9）。这些细处，更显传统造园的精妙。

片石山房

片石山房在历史上一度为扬州名园之一，园中有曲池屈流，前为水榭，湖石三面环列，然而后世荒废严重，遗存的仅假山主体部分，另有楠木小厅一座。1989年设计修复，成现状园貌。

作为历史遗存的假山主体部分，虽现经考证与石涛无关，但仍有较高艺术水准。假山南向，是一座横长形的倚墙山，以湖石叠成。西首为主峰，高约十米，特立耸秀，奇峭夭矫，俯临水池（图2-23-10）。峰下砖砌方形石室二间，所谓片石山房应即由此而来。

此山与现存小盘谷假山有一定相似之处，均以湖石叠筑、小石拼镶，

图2-23-6 池中水心亭正对山景

图2-23-7 贯通各处的复道回廊　　　　　　　　　图2-23-8 "桂花厅"隐于西侧山后

图2-23-9 自成一区的"赏月楼"庭院

图2-23-10 "片石山房"假山主体

并以峥嵘突起的主峰取胜。此外，光绪《扬州府志》、《江都县续志》都称此园假山有"九狮"之状，也与小盘谷的"九狮图山"主题一致。以往囿于石涛叠山之说，以为建于清初，现可知叠于乾隆初年，这也与小盘谷假山年代接近。无论此二山之间是否有渊源，此种叠山风格都可作为清中期扬州造园的一种流行式样。

假山其他部分为塌毁后的重修，与其他新建园景一道，使此小园内容更为完整、丰富（图2-23-11）。然而新建亭廊走向过于整齐划一，现代设计痕迹过重，有悖于传统园林原则。

总体评价

一宅而有两处名园，而且一为扬州现存最早园林遗迹之一，一为扬州大型园林的最后作品，何园的构成，委实难得。

图2-23-11　小厅隔池面山

寄啸山庄以环绕山池的楼廊复道为最大特色,有着多方位、高视点连续赏景的体验方式,在中国园林中别具一格;另外水中亭榭成为空间焦点,作为舞台的作用更为显著,私家园林中也不多见。然而这种特色手法也造成了园林自然感和空间丰富性的削弱,只有在西南部假山与附近建筑的组合中稍有弥补。这些新特点方式的形成,与晚清受外来文化影响有一定关系,也同注重享乐的时代氛围有关,园林的艺术价值更让位于实用价值了。

片石山房的历史价值因新近学术研究的进展而需要有新的定位,但推翻过去长期认定的与石涛的关系,并无损于假山遗存自身的艺术价值,且可以为扬州园林历史的认识打开新的局面。而此园在保护与修复中的经验与教训,也可为其他历史园林修缮的借鉴。

第二十四节　扬州小盘谷

沿革概况

扬州的清代园林中，"小盘谷"至少有两处，其一在旧城南门堂子巷秦氏意园中有黄石山题名"小盘谷"，为嘉、道时江南最著名叠山师戈裕良的作品，然而园已被毁，仅有些许遗迹可辨；另一就是此园，"小盘谷"是园名。此园较之个园、何园，占地要小得多，但在结构布置、假山营造的艺术水准上，却要远胜许多。

园在扬州城南丁家湾大树巷内，这一地段目前仍基本留存了扬州旧城原有的历史风貌。此园原为徐氏旧园，始创年代无考，目前园中假山可能在清中期已筑成。光绪三十年（1904），上任不久的两江总督周馥购入此园，加以重修。民国初年再度修整，成现在格局。新中国成立后再加修缮，又有一些小的改变，如将榭改亭、将山上八角亭改四角亭，等等，不过基本格局仍为晚清时期的景象。

小盘谷为附宅之园，紧邻住宅东部，今大宅犹在。园分东西两部分，其中东半部曾完全圮废，现状已非旧貌；西半部保留下来。这里仅就此西部进行赏析（图2-24-1）。

格局面貌

园西部的基地成南北长、东西窄的长条形，占地仅约两亩。自宅内大厅东侧，可入月洞形园门，门上嵌有隶书"小盘谷"三字石额，陈从周先

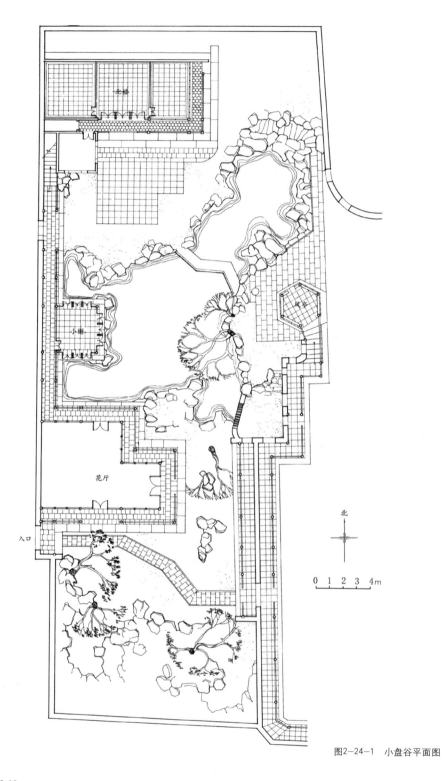

图2-24-1 小盘谷平面图

生认为应是乾隆时"西泠八家"之一的书画家陈鸿寿（1768—1822）的手笔，以此或可推断创园时间。入园后为一个小庭院，坐北花厅三间，平面作曲尺形，屋顶错落变化，南面沿墙堆筑土石小型假山（图2-24-2）。这一花厅前院，为进入主要景区的过渡前奏。绕过花厅东侧，往北忽见假山水池，豁然开朗，空间与景观为之一变，通过收放对比的手法，引导进入主体景域。

这一后部狭小庭院空间中的景物布置，总体而言，是以水池为中心，池岸曲折有致，水面向东北方向延展；水畔假山位于东侧偏南作为主景，各建筑与之成不同位置与得景的关系。花厅北向一侧临水，向东对假山作近观（图2-24-3）；西侧水阁三面临水，向东隔水正对假山，作对景的中观（图2-24-4）；西北侧的曲尺形北楼与池隔以大片平台，东南向越平台与水面对假山作远观（图2-24-5）。各处建筑安排错落，相互揖让，对

图2-24-2 入园后花厅前院

山水成拥护之势而各得其景。此外，假山之上有小亭可俯瞰全园、远眺园外，又是另一种得景。

西侧靠墙游廊，将三座体量、风格相异的建筑相互连接，也可在行进中作变化的动观。而更精彩的动观，可沿石磴上山，享登山之趣；更可从北部平台，跨池水三折小桥，进入假山洞中探幽。

图2-24-3　花厅北临水池

图2-24-4　西侧水阁三面临池

图2-24-5 曲尺形北楼与池隔以大片平台

假山之南有复廊，其中有桃形门与原东园相通。园门上有石额"丛翠"，表明了东部景象的主题，是以植物为主体的另有一番情趣的景致。

假山营造

园中的假山是园中最精彩的主景，以小块太湖石叠掇而成，主峰峥嵘突起，高出水面九米余；气势磅礴，浑厚雄壮，又具有行云舒卷般的动态（图2-24-6）。此山一向被称为"九狮图山"，其诸峰石外观有如群狮，惜民国初年修缮时，略损原状。从叠山的出色技术来看，应出自名匠师之手，陈从周先生称之"山峦、石壁、步石、谷口等的迭置，正是危峰耸翠，苍岩临流，水石交融，浑然一片"，甚至还赞之"足与苏州环秀山庄抗衡"，可见推崇之至。此山与戈裕良作品，确也很有可比较之处，特别是在立意上为两种思路：此山的"九狮"代表了流传已久的象形欣赏方式，注重山中"峰"的动势；戈裕良诸作品表达的是"画意"的追求，注重文人山水画般深远层次的蕴藉。以此，也就可以更好地理解陈从周先生比较此小盘谷假山与戈裕良的秦氏小盘谷遗迹的评语：前者"阳刚"、后者"阴柔"。

此山的另一精彩之处在于山中洞谷。跨池上三折小桥，即入大假山的石洞（图2-24-7）。洞腹宽阔，幽曲深广，有石桌石凳，上有窦穴，天光可透，可敲棋吟诗，可小坐纳凉（图2-24-8）。出洞之处，为一幽深溪谷，题为"水流云在"，峭壁之旁可通水中步石，有深山大泽气象，园名之"盘谷"应即来自此处（图2-24-9）。

沿石级而上，可登山巅，有"风亭"，坐其中可以顾盼东西两部景色，远眺运河帆影（图2-24-10）。亭之东南，为山之余脉，曲尺形游廊循山而下，延伸到平地上的一段又做成复廊形式，廊侧的墙上开漏窗，沟通园东、西两部之景。复廊北端山麓间布置了一曲云墙，与山结合可以衬托山景，并增添出小空间趣味（图2-24-11）。

图2-24-6 池东湖石假山峥嵘突起

图2-24-7 三折小桥引入假山洞府

图2-24-8 假山洞腹幽曲深广

图2-24-9 洞外水中步石以通溪谷

图2-24-10 洞上"风亭"相邻主峰

图2-24-11 山亭东南游廊而下可通东部

总体评价

小盘谷为现存扬州园林中最杰出的作品，有精巧之格局，具文人园格调。占地虽小，楼台、山石不多，却紧凑有致，以少胜多，以小见大，能出色表达出江南园林的艺术特色。其中，对比的手法运用很出色，一方面是在形态上，嶙峋山石与清澈水面的刚柔、山水与建筑的曲直、建筑及游廊的层次高低、花木与粉墙的色彩映衬，等等，能在紧凑中协调，构成奇幻丰富的强烈效果；另一方面是在空间上，空间有障隔通透、主次分明的变化，后部主景之区通过前院的衬托而显开朗，山洞与幽谷也反衬山外的开阔，游径路线的设置也在往复中呈现变化，从而使小园不觉其小。这些无一不是反映出在整体造园上的精心思虑。

假山是园中最精彩的亮点，"九狮"之形颇可玩味。以"九狮"形态堆叠假山，清代扬州园林尚有多处，如清光绪《江都县续志》记片石山房有"园以湖石胜，石为狮九"，《扬州画舫录》记"淮安董道士叠九狮山"、"卷石洞天……以旧制临水太湖石山，搜岩剔穴为九狮形"，等等。陈从周先生推测此山即董道士时期（乾隆时）的流行作品。其实，"九狮"不仅流行于扬州，宁波天一阁假山有"九狮一象"之谓，无锡寄畅园中也有"九狮台"的营造。再追溯历史，以狮子为假山形态的观赏方式，最著名的是元末苏州的狮子林；而早在唐代，白居易《太湖石记》中对太湖石山的欣赏也正是以群兽为比喻。可见，以狮子般的动态来欣赏石山，也是早已有之的传统。但自晚明以来，在江南核心区的苏州等地，因"画意"造园标准的确立、叠山以真山意趣为风尚，这种欣赏方式被认为多琐碎而少自然，一般已不做主山之景；而在江南外围地区的扬州、宁波等地仍在延续，甚至以"九狮"程式而为全园主景。不过具体而言，仍有佳作。此园假山不仅为现存扬州诸园叠山之冠，也是整个江南园林的上选之作。

第二十五节　泰州乔园

沿革概况

泰州在历史上长期隶属于扬州府，文化上一向受到扬州的巨大影响，造园亦是。然而泰州在历史上少兵灾，有较多早期历史遗迹的保留；遗存下来的泰州乔园，就要比现存扬州园林都要古老，有"淮左第一园"之称。

乔园位于泰州老城中心，明万历二年进士、官至太仆的陈应芳（1543—1610）辞官归里后创建，题名"日涉园"，出自陶渊明《归去来兮辞》"园日涉以成趣"句意。明代后期正是江南园林极为兴盛之时，这股造园热潮也进入了泰州。当时追慕陶潜、以"日涉"为名的江南名园就有多处，如有大文豪王世贞作记的太仓杨氏日涉园、有造园名手张南阳为之叠山的上海陈所蕴日涉园等。今日园中主景假山，即为当时遗物。

清康熙初，园归田氏。后又归官至福州府通判的高凤翥（1707—1771），精心扩充，历时颇久，具十四景之胜，尤其是觅得拔地盈丈的石笋三支，并以此景更园名为"三峰园"。今日园景基本在此阶段奠定，园名中的"三峰"至今仍存。此园胜景，由道光五年（1825）周庠所绘《三峰园四面景图》及其题记等图文资料作详尽记录。

咸丰八年（1858），官至成都知府、四川盐茶道的吴文锡（1800—1870）在告退回乡后购得已颇衰败的此园，改名"蛰园"。据园主《蛰园记》，当时正值太平天国兵祸时期，此处尚安定，"奚蛰物之所依"，取偏安一隅之意。吴氏对此园仅作简单修缮，规模有所收缩。

此园后又被道光十五年进士、两淮盐运使乔松年（1815—1875）购去，遂名"乔园"。乔氏在各代园主中，官阶最高，权势最盛，也颇多名流之间的唱和，"乔园"的名声因之广为流传。

如今留存的乔园仅为原园中部，面积不过两亩。周围一度被现代建筑所挤压，环境恶劣。2006年作全面整修，拆除周边楼宇，并以周庠所绘园图及其他相关文献为依据，对园林已毁部分进行了恢复重建。此处仅就遗留的中部景区进行赏析。

主厅山池

乔园遗存部分，以花厅"山响草堂"为主体，按其前后，分为南北两区（图2-25-1）。南区较大，主厅广坪之南，正对一组山池，乃是全园最为精华的主景所在（图2-25-2）。

此处堂前平台、隔池假山的格局，为早期江南园林所常见（图2-25-3）。此等尺度的，宁波天一阁园林与之颇似：平台上为最佳赏景位置，山水景致在前呈环列展开；东南山上一小亭、西侧一半亭的配置，也完全一致。所相异之处，天一阁前平台临水平直，此处则作曲折水岸，更显自然；且延伸更长，形态上更呈带状溪涧，具曲折不尽之意（图2-25-4）。

平台跨池有小拱桥，便入假山之域（图2-24-5）。叠山石种上同时运用湖石与黄石，但有规则不显紊乱：池中水面以下用黄石，水面以上用湖石；在洞中下脚用黄石，其上砌湖石。这样发挥了两种石料一规则、一多变的各自特性；作为不产石之地的泰州，如此使用也颇为经济。

假山的游径，有山上与洞曲上下两条，并佐以山麓崖道、小桥步石等，使规则的主线中更具变化。由池东石阶数级，过小飞梁，可达山巅。山上峙立三支石笋，正是当年高氏"三峰园"的主景，所对此景的主堂也又名"三峰草堂"。以奇石为假山主峰的欣赏方式，在早期造园中常见，而晚明以后的江南核心地区渐不为主流，此园则仍延续；用石笋非常见的

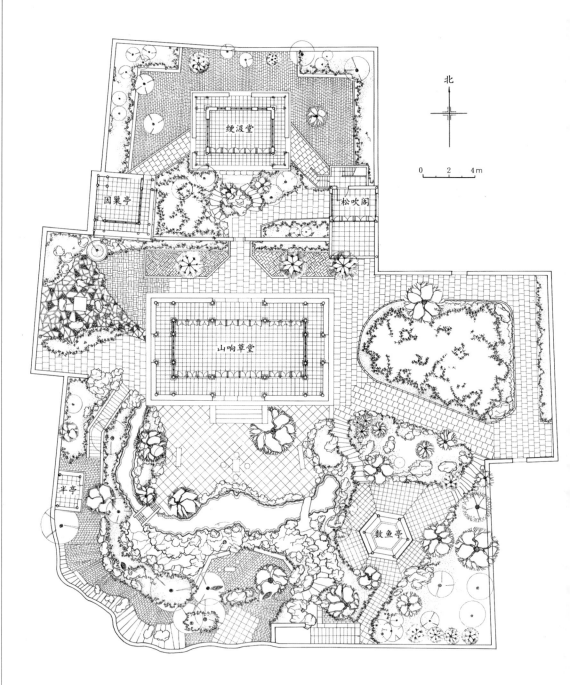

图2-25-1 乔园平面图

图2-25-2 堂前假山

图2-25-3 自假山顶回望山响草堂

图2-25-4 堂前平地与假山之间的带状溪涧

图2-25-5 跨池小拱桥

太湖石,也此处是一大特色。此园中也并非无太湖奇石的欣赏,在山麓西首有一短墙,壁间嵌一湖石,《蛰园记》中称之具"绉、透、瘦",奇巧剔透,宛如漏窗,这种嵌墙而赏的方式在他处也不多见。

进入山腹洞道,曲折蜿蜒,洞形似囊,名"囊云"。假山结构,也颇有特色,采用两种方式:一为砖拱(图2-25-6),一为湖石构成钟乳形洞顶。湖石洞顶为目前所见最古,为清代戈裕良拱状叠山方法的先声(图2-25-7)。而山中置砖拱隧道,也非常罕见;与石构之间,利用山涧的小院作过渡,无生硬相接之处。此外,若干处用砖墙挡土,外包湖石,以节省石料。

山上树木也颇有特色之处,古柏一株,苍劲多姿,实为园中最生色之

图2-25-6 假山砖拱隧道　　　　　　　　　　　　　　　图2-25-7 假山湖石山洞

处,也正是《蛰园记》所记载"瘿疣累累,虬枝盘拿,洵前代物也",为园中珍贵历史见证;此树之龄与园龄相当,足可证此山为明代万历年间旧物。此柏与石笋相配成景,也为他处所难见。

山之东西则各有一亭。度小飞梁跨幽谷可达东侧"数鱼亭",五角攒尖,在此可俯瞰碧流,纤鳞可数(图2-25-8);山巅之西为半亭,倚壁东向,小巧玲珑,全园胜概,尽收眼底(图2-25-9)。

其他园景

主厅后部的北区有另一番景色,面积较小而基址较高,形成另辟蹊径的幽境。过花墙月门,循迂回的石磴,可达黄石台上,"绠汲堂"为居中主体,左设小楼"松吹阁",可凭栏远眺(图2-25-10);右建小斋"因巢亭",京剧大师梅兰芳返乡曾下榻此处,闻鸡起舞。绠汲堂为书斋,其名与苏州留园"汲古得绠"斋一样,取韩愈"汲古得修绠"诗意。其地高

图2-25-8　假山东侧"数鱼亭"　　　　　　　　　　　　　　　图2-25-9　假山西侧半亭

图2-25-10　后院"绠汲堂"左前"松吹阁"

爽，树石环抱，处境幽静，确是读书的好去处。此区虽点缀无多，而别具曲笔，较之前部，大小、高卑，皆有显著不同的感觉，且前显后隐，互为因借，极大丰富园林的空间体验。

主厅"山响草堂"四面皆景，左右又各有种植。尤其堂东植竹林一片，竹影萧疏，拥衬草堂。

园中花木配置，以乔木为主，古柏为重点，又辅以高松、梅林，又有榉树、黄杨枝繁叶茂。除了终年苍翠，又有春桃、夏萱、秋桂、冬梅等的四时花景的变化，使全园生机盎然。

园内建筑均为清代遗存，基本做法和风格，诸如清水砖墙、青瓦花脊、青砖漏窗等（图2-25-11），保持泰州园林质朴简洁的古风遗韵；但经近年修缮，已混有苏州式样。

图2-25-11　乔园入口

总体评价

乔园作为泰州仅存的完整古典园林且是苏北最古老的园林遗存，是体现着时代性与地域性特色的珍贵实例，有着重要的历史价值与艺术价值。

就空间布局特色而言，以主厅为全园中心，分前后主次景区进行组织。这不同于今日江南园林常用的以水池为中心组织全园空间布局的方式，而接近一些早期园林记述以及江南边缘地域的一些园林遗存。就厅前主景区而言，以平台之前山池相对为主景，正如陈从周先生所言，"水池横中，假山对峙，洞曲藏岩，石梁卧波等，用极简单的数物组合成之，不落常套，光景自新"，确为现存小园佳作。

就园中最突出的景致营造——石假山而言，是罕见的明代假山遗存，其他江南诸园中仅上海豫园、南京瞻园等略有存例。此山在营造上又有着他处少见的特色，如黄石起脚，湖石收顶，紧凑相济，浑厚中显出空灵峥嵘；又如山洞采用砖拱，且又有同时期他处未见的湖石洞顶；山顶以石笋为主峰主景，并与桧柏相配，等等，都是精心营造的别致景象。

第二十六节　如皋水绘园

沿革概况

通州（今南通）一地，明至清初属扬州府，清雍正时成直隶州，明清私家园林亦有名望者，如汪氏文园、绿净园，为名家戈裕良所造；冒襄更先后有三园（"朴巢"、"水绘园"和"匿峰庐"），最著名的是水绘园。

水绘园的名望是与冒襄这一人物密切联系在一起的。冒襄（1611—1693），字辟疆，号巢民，如皋人，是明末复社后起领袖，"明末四公子"之一，谢国桢先生称之"才华最高，少年气盛，对东林后裔支持最力"；在民间，他更是以与名妓董小宛的爱情故事闻名的传奇人物。明朝灭亡，冒襄历经离乱之后，回如皋隐居不仕，毛泽东评其为"明末四公子中最有民族气节者"。位于如皋县城内东北隅的水绘园，便成为他隐居生活的场所与寄托。

水绘园原为冒辟疆的曾叔祖冒一贯于明万历、天启年间营建的别业，顺治十一年（1654）归入冒襄的父亲冒起宗名下，此后冒辟疆精心增饰，延聘名师对其进行改造和扩建，成就一代名园；并以"水绘庵"称此园，以示隐逸。后人常将水绘园同董小宛相联系，以为此园为冒董二人幸福爱情生活之处，但其实在冒襄经营水绘园之前，董小宛已经于1651年去世。虽然水绘园与凄美动人的董小宛故事关系不大，但这无损于水绘园的价值，因为此园真正历史意义，在于对士大夫隐逸文化的承载以及清初遗民的精神寄托。

水绘园如一处强大的文化磁场，吸引当时名士王士禛、陈维崧、戴本孝等纷纷前来如皋相聚，在园中诗文唱和，并结以《同人集》流传于世。《如皋县志》称"一时海内巨公之名之士，咸游觞咏啸其中"，清初文人刘体仁谓："时士之渡江而北，渡河而南者，无不以如皋为归。"在文人云集、宴游遣兴、声伎之乐中，水绘园盛极一时，灿烂夺目，成为当时江南士子心目中的胜地。可以说，清初苏州、南京、扬州等地的园林文化暂陷摧残凋零之时，在此江南边缘之地，延续着明亡之后的江南园林风雅之盛。

水绘园在冒襄晚年时就已随着家境陷入困顿而开始败落，"数传后仅存荒址，已属他姓"（《如皋县志》）。但正因为这一文化象征符号的久远魅力，水绘园虽后世荒废，却仍有风流延续。

乾隆二十三年（1758），邑人汪之珩仰冒襄之节，出资对水绘园稍作修复，并在园南侧建"水明楼"。汪氏雅好园林，家有"文园"，其子汪为霖邀请戈裕良改造文园并增筑"绿净园"，为一邑之胜。

嘉庆、道光年间，撰《浮生六记》的苏州文人沈复，晚岁久客如皋县府作幕友，曾来水绘园旧址游览凭吊，并作园图，至今存留。道光二十一年（1841），文坛颇负盛名的范仕义任如皋知县时，邀诸多名士补禊于已颇荒芜的水绘园，追忆往昔，凭吊盛事，著名书画家汤贻汾作《水绘园补契图》，众人题诗，书画至今存留。

水绘园虽数易其主，逐渐荒芜，但后经冒氏族人集资赎回，作为家祠公业，终未受毁弃。1949年后，园址仅有水明楼、雨香庵等建筑以及周围池塘水面，被辟作水绘公园。20世纪80年代初，进行全面整修，陈从周、路秉杰二先生主其事，根据历代园记、园图，仔细揣摩推敲，在现状基础上，力图呈现清初盛时园貌。

格局特点

水绘园最大的特色在于水景。如皋为平原水乡，晚明钟惺《梅花墅记》中所谓"出江行三吴，不复知有江，入舟、舍舟，其象大抵皆园也。乌乎园？园于水"，同样可以用来形容这里。如皋县城之内东北角一区，也有着浓郁的水乡风光，清初名士陈维崧在《水绘园记》中写道："绘者，会也，南北东西皆水会，其中林峦葩卉，块扎掩映，若绘画然。"这一坐落于自然水景之中的园林与一般城市园林有着巨大的格局差异，四面环水而不设园墙，向外部水面开放而非内向环池布局。

因周围水景如绘，向外借景是非常重要的得景方式，《水绘园记》中也记载了四外可观的诸多胜景。同时，冒辟疆在几十亩大的园内，又建设了大量的景点，如叠石山一座，山中有石洞；山巅为"悬霤峰"，可休憩、远眺；山麓有"涩浪坡"，下有石渠可流觞；园之北隅又有土山，小庐于后。水景也多有利用改造，如东侧曲折的"小浯溪"，芦苇丛生；北侧水中有"鹤屿"，可观鱼赏石；西南侧则有长堤小桥，与园外相通。在水畔、山间、岛上，多处亭台楼阁，一堂、一房、一斋、一庐、二阁、三亭，疏朗布置，各得胜景；尤其是主堂"寒碧堂"，以"白波浩渺"的"洗钵池"为对景。园中林木蓊郁，水中芙蕖夹岸，岸上桃柳交荫，又有野鸟群至，生机勃勃。

经时代沧桑，今日水绘园的环境面貌与当年已有改变，主体区域较当年为小，水域也不及过去辽阔，四面环水不可复现。经重修的景致，虽无法对当初园貌完全忠实再现，但主要景点与建筑尽量重现，总体上仍能与早年园记略相对应，凸显水景。大体格局略呈前后二池为主的两部景区，前池保留了最多的历史遗迹，而后池则改造得较为内向了。

前池旧迹

今日水绘园的主要景致，大致可分前后两部，前部是以"洗钵池"为主景的。"洗钵"之名来自宋代大学者、唐宋八大家之一的曾巩之弟曾肇，幼年随父居于如皋，在此习文洗钵（陈维崧《水绘园记》："宋尊宿洗钵于此，因以为名"）。洗钵池一直是水绘园的最重要水景，陈维崧

《水绘园记》中称之"白波浩淼"、"白浪架空,有长天一色之观",可见当年的辽阔;清初著名诗人施润章诗有"水绘庵前一池水,花发芙蕖香十里"之句,描述当年池上荷景。今日的洗钵池比当初要小了许多,但仍是品荷香、赏秋月的极佳之处(图2-26-1)。

"寒碧堂"是水绘园的主要厅堂,"背林面池",正对洗钵池主水面,当年主人在此宴会宾客、听曲观戏;不仅在堂内演出,亦可从堂中观水上舟中表演。今日之寒碧堂是1987年在原址上重修的。

在寒碧堂前,越洗钵池面还可以远观外部景致,如右方"中禅寺"、左前方"逸园"、东侧的佘氏"壶岭园",都是周边的极佳借景。这些园外景致现在都已大为改变。

在寒碧堂的西南方,即洗钵池的西侧,现有一组临水建筑"水明楼"(图2-26-2),建于乾隆二十三年,虽非清初园中遗存,却是今日水绘园中难得的建筑旧迹,甚至已成为水绘园的代称了。水明楼南北长四十余米,宽不过五米,由南而北,依次构筑有前轩、中轩和楼阁,之间以九曲

图2-26-1 "寒碧堂"前平台相临"洗钵池"之景

图2-26-2 洗钵池畔"水明楼"

之弯的回廊相衔，轩阁之间布以蕉石竹树。空间不大，布置井然，陈设精雅，精致玲珑。透过花墙漏窗，可借洗钵池景；登楼临窗，可眺水绘旧迹（图2-26-3）。陈从周先生赞誉："此一区建筑之妙，实为海内孤例。"

水明楼西为雨香庵，原是曾肇隐玉斋的故址（图2-26-4）。庵前后三进，院内点石栽竹，布置清雅，有古桧柏一株，相传为当年所植。此组建筑位置原先应在园外，是"中禅寺"的一部分，《水绘园记》中即提到此处"有曾文昭隐玉遗迹"，后世将其与水明楼一道作为水绘园的一部分了。

洗钵池在寒碧堂东转折而北，呈溪流曲折之状，此为"小浯溪"（图2-26-5），原先多植芦苇，仿湖南永州浯溪。此溪山奇水秀，唐代诗人元结为其命名，历代文人在此吟诗刻石，闻名后世。冒辟疆于崇祯十四年赴湖南衡阳探视父母，"省觐南岳"，深为楚地之景所吸引，水绘园中还有其他多处景点之名，都来自湘中景致，如"悬霤山房"、"湘中阁"、"小三吾亭"等。今日小浯溪上架桥，作水绘园入口，更成入园重要水景了。

图2-26-3 水明楼中精巧空间布置

图2-26-4 水明楼西"雨香庵"小庭

图2-26-5 洗钵池北折而为"小浯溪"

后部山池

水绘园后部，是当年主要景区营造所在，山水相依，亭榭相望；然而历经沧桑，基本荒废，水面湮塞，旧迹难寻。今日经重修，依现状地貌，形成一片相对内向的水面，周围布置景点，虽与旧日外向环水格局不再完全相符，但园林效果得到较好提升。一些原初记载中的重点景致，都得到强调呈现。

水绘园中最重要的景致营造是在园后部叠石为"悬霤山"，冒襄自记"垒石数千块为峰峦，拔地擎空，礧砢明瑟"，山中有洞可曲折而上，山中有"悬霤山房"、"湘中阁"建筑；山上为"悬霤峰"，其名来自湖南衡岳七十二峰之一；峰顶平台，可休憩、远眺，是园中最重要的赏景点之一。山后为峭壁，"皴理俱用荆浩关仝笔法"。此山在冒襄晚年时就已倾圮。今得重修，大致复现当年景象（图2-26-6）。

悬霤山的西侧山麓，为"涩浪坡"，宽广十丈，小石离列可坐，有石渠可作流觞之戏。设于此处，雨后可利用山中流泉，无雨时可用人工瀑景。此处最著名的一次曲水流觞，是康熙四年（1665）三月初三，清初文坛领袖王士禛在园中与冒辟疆父子及诸多文士在此作上巳修禊，追慕当年王羲之等人的兰亭雅集，饮酒赋诗，极一时之盛，留下诸多篇什。今日复建的涩浪坡，置于悬霤峰的隔池对岸，山上激流而下之景难以复现了。

悬霤峰后峭壁，北向正对园北水中"鹤屿"，其上有一亭名"小三吾"，亭外有古松一株，深得冒襄喜爱。这里面山得水，北近城墙，树荫如盖，景致幽僻，也是冒辟疆与诸友乐于雅集之处，《同人集》中有"小三吾倡和"数十篇之多。今日复建的小三吾亭与悬霤峰隔池相望，建成三角顶的特殊形式，亦成一处别致景观。

小三吾亭隔水之北的城墙，为水绘园后部的重要园外借景。地处城侧的园林往往将城墙之景纳入园中，如明代大画家沈周为苏州东庄绘制二十四幅园景图，第一景"东城"即城墙之景。水绘园中，此借景也颇受重视，陈维崧"积水上孤城"之句深为冒襄所赏。由于如皋古城墙已

图2-26-6 后部 悬萝山，假山上：湘甲阁

被拆除，现在园中又重建一段城墙以作示意，位置较原初要南移许多了（图2-26-7）。

园中另有"壹默斋"、"枕烟亭"、"波烟玉"、"月鱼基"、"碧落庐"、"镜阁"、"因树楼"等构筑，山下水畔，各有所赏。今日重修，大致将这些建筑基本周绕水面布置，内向布局与原初四面环水之景已不大一样，但园林的空间层次效果大为提升（图2-26-8）。

总体评价

水绘园在当代诸多江南园林遗存之中，有着非常鲜明的特色。

首先是在文化史上的独特地位。水绘园最好地诠释了士人隐于园林这一文化现象，这种遗民隐逸比起诸多的罢官归隐更具历史深沉感。在个人隐逸的同时，水绘园中更有诸多名士雅集，留下诸多影响深远的文学作品。水绘园成为明遗民的最佳精神家园，在园林史、文化史上的突出意

图2-26-7 池北"小三吾"亭外有城墙借景

图2-26-8 后部广池及亭榭营造

义，直追当年元末昆山顾瑛的"玉山佳处"，当代学者甚至将水绘园视为"1644年后整个隐逸世界的代名词"。这种承载着深沉文化内涵的清初遗民园林且遗址尚存，苏州姜垛的艺圃与之相似，而水绘园名望更胜、最具代表性。

其次是当年造园的独特艺术面貌。虽然历经沧桑而原状难辨，但当初丰富的园记、诗文描述为我们提供了大量的当年园林营造内容的信息，可知此园有着鲜明的艺术特色，与当时其他江南园林既相关又有自身特色。水的特色是园中最重要的，四面环水的格局非常少见，仅明末扬州郑元勋的影园（计成设计）与之类似，而冒襄对影园也是熟悉的。崇祯十三年，他曾参加影园的会试南返名士集会，其《影园倡和诗》是他现存最早的倡和诗作。不过水绘园比影园要庞大、复杂得多，有以画意为宗旨的大型叠石假山，更有更大量的建筑营造，更似江南核心区一带的园林营造，如童寯称之"空间辽阔，建筑精美"；然而水绘园又与当时主流的江南园林有区别，比如园中建筑虽多，却都离散布置，不用廊子；而廊是晚明江南造园变革的重要体现，当时风靡，影园中也大量采用，可见水绘园中保留的早期造园方式。

最后是当代园林重修的独特状况。水绘园重修是面临的状况是特别的：地貌有变，遗迹依稀，大多不可辨识，而后世的营造也成为文化记忆一部分需要保留。这不同于诸多基本完好园林、需严格保护，也不同于南京瞻园格局尚存、尚有假山一片而作为修复依据，亦不同于绍兴沈园仅有极少量的水池考古遗迹、可以放手新造。陈从周先生的主持修复思路，依照原有记载尽量复现当初主要景致，并非完全遗迹，但能大体对应，追寻遗韵，供人追忆；同时按现有状况，作出变通，增添园林的空间艺术魅力。这种权衡之下的特殊修建，或是另一种园林修复的可借鉴思路。

第二十七节　绍兴沈园

沿革概况

绍兴历史文化悠久，春秋时即为越国都城，历史上名人辈出，园林营造也一直兴盛，晚明祁彪佳《越中园亭记》记录绍兴城内外园林达276处（含历史上100处，当时176处）。然而经沧桑变革，今日存留极少，最著名的则是宋代开始就已闻名、位于城内东南隅的沈园。

沈园的名声，是与南宋大诗人陆游密切联系在一起的。陆游和唐琬的凄美爱情故事一直为世人熟知，沈园正是陆游与前妻相会并作名词《钗头凤》之处，而且晚年又有多首以沈园为主题的真挚感人的诗作。随着陆游爱情故事被历代传诵演绎，承载历史事件的沈园也备受关注，得到地方文献乃至《古今图书集成》这样的类书记载，盛名之下也一直留存于世。在史载宋沈园位置的禹迹寺南、春波桥旁，清代仍有沈姓后人经营的沈园，20世纪50年代仍存葫芦池、古井及土山，中外学者皆证三者为宋物。

历史遗留下来的沈园远较宋代记载为卑小，20世纪80年代恢复宋沈园呼声日高，但如何修复，却并不简单，争论颇多。现状早已失去宋代园林风貌，倾圮不堪；清代有园图留存，却又与现状并不一致。论证数年后，经潘谷西教授提议，于1984年完成考古发掘，发现宋时园林的诸多遗迹，水面大于明清，且证明清沈园图的相当部分属于规划设想而非真实园貌。另外，有学者论证陆游《钗头凤》并非写于沈园，也非为其前妻而作，这一颠覆性认识并不否认陆游晚年诗作中多次出现的沈园，对沈园修复工作以保护发掘的文物为主要目标定位影响不大；对久已深入人心的《钗头

《钗头凤》及其爱情故事,则在保护区域之外加以展示,采取的是既不违反公认的历史,又不违反人的共同感情的形式来表现这一题材。

以这样的认识为基础,南京工学院(现东南大学)朱光亚教授主持设计,数易其稿,于1986年至1987年完成一期工程,以保护考古发掘所得遗物为第一目标,以恢复宋代园林格局及陆游沈园诗中的意境为艺术追求。1992年开始二期工程,因未获发掘成果,是作为现代城市与沈园空间的过渡布置。

近年又增建东苑和南苑,扩建后形成三个部分。三园相互呼应,共同以宋代园林风格为基调、以陆游及其爱情诗词为主题,又各有鲜明特色,如东苑"情侣园",有古典情趣又面向现代生活,假山以湖石为特色;南苑"连理园",表达陆游的爱情诗境,假山用黄石。

这里仅就经过修复的沈园主体古迹遗址园林部分进行赏析,大致可分东南部的古迹遗存区、中部的遗址保护与展示区、北部的入口过渡区(图2-27-1)。

图2-27-1　沈园鸟瞰图

古迹遗址

从延安路转入南北向的洋河弄，巷弄深深中行进，到达东向的沈园门屋，有郭沫若所题"沈氏园"之匾。入门为园林的东南区，为20世纪80年代修复前所遗的一隅旧园所在，保留着宋代的葫芦池、土山和双井。宋代是我国园林发展的一个高峰时期之一，但实物遗物极少，此为现存江南园林中的最早历史遗迹。

"葫芦池"之名来自其有趣的平面形状，为南小北大的两个大致圆形的相接，又有几分与脚印相似。水面清澈，池岸自然低平，有石平桥跨水而过。这种早期曲池之形与今日常见的驳岸故作参差并不一样。水池中部的凹进处，跨一石板折桥。桥东侧为土阜一丘，其上古朴茅亭一座，名"如故"，有绿荫环抱。桥西侧有一口形态特别的双眼井（图2-27-2），上筑方亭一座，悬山披檐，古意盎然（图2-27-3）。土山东北侧另有小院一座，为放翁纪念堂，作展示之用。此区结构虽简单，但景物清雅，形态奇特，承载着岁月的沧桑，值得仔细品赏。

此区西北，则为园林主体部分的中部，这里的核心是对宋代园林考古遗址的复原。通过考古发掘而得到的宋代园林遗址部分，周围用小石桩作为标志物限定，其内为有考古依据的区域，进行谨慎保护与复原，其外则

图2-27-2　宋代双眼井

图2-27-3　"葫芦池"上西侧双眼井方亭

是作为宋代风格园林的衬托呼应部分。此区大致布局为：中心一座大池，池周散布亭台（图2-27-4）。池在宋代即有，后世淤塞，经考古而恢复。根据发掘遗迹以及对宋代园林与建筑的研究，水畔各建筑疏朗布置，呈现出宋式园林的格局风貌。

复建经营

除了历史遗留的旧景与考古发掘的遗址，沈园作为宋代园林的风貌营造还需要大量创造性的复原设计。二期所建的沈园北部即为精心创作成

图2-27-4　中部水池布置疏朗建筑

果，这是与城市相衔接的过渡部分，成为新的入口院落（图2-27-5）。新增廊、榭及其他小品，如入口石坊、"断云"石、"诗境"峰，引导入园的同时，引人遐思，空间景致也渐入佳境（图2-27-6）。此区在扩展园景内容的同时，也为园中增添了空间层次，并与其他区域浑然一体，为全园增色不少。

建筑是园林风貌构成的极为重要的部分，沈园也成为营造宋式园林建筑最精心的场所。其风格与细节的确定，首先是立足于考古，并结合了浙江地区的南宋考古发现，而不是仅凭借《营造法式》。其中最突出的建筑是池南的园中主厅"孤鹤轩"，这同时也是考古遗址之上的保护建筑（图2-27-7）。这一建筑屋顶形式的选用，根据此处发掘出的垂脊、套兽，推断出当初建筑为歇山顶。池周其他建筑如冷翠亭、问梅槛、八咏楼等，大小、形态不一，展现着宋代园林建筑的多样风姿（图2-27-8）。

园中还有其他一些颇费思虑之处。在孤鹤轩之南、遗址圈之外，立有

图2-27-5　北侧入口石坊与"断云"石

图2-27-6　入口之内"诗境"峰

图2-27-7　作为遗址保护建筑的池南主厅"孤鹤轩"

图2-27-8 池东"冷翠亭"

图2-27-9 孤鹤轩之南"钗头凤"碑刻照壁

二首"钗头凤"碑刻的照壁，通过爱情文学的展示，传达人文精神的同时，引发人们的遐思、寄托与怀念，成为全园的灵魂之所（图2-27-9）。因其地位之特殊，位置曾作数次修改。

此外，园中引水堆山，栽松植竹，又有六朝井、明池等以延续历史文化为创作立意的小景点，总体上秉承宋式园林树多屋少的疏朗，偶有题刻，使园中充满着古朴典雅之气。

总体评价

沈园被公认为复建园林的成功典范。作为一座承载着巨大名声的历史园林，仅存少量历史遗迹，而无详细园貌记载；对此的修复，不同于如皋水绘园等主要根据历史记述进行再创作，设计者极为谨慎地进行考古发掘以尽可能确认真实原貌，仔细区分出历史遗迹和考古遗址，进行精心地保护与复原，使园林的真实历史感成为基调；在此基础上，经过精心地研究与营造，使历史的风貌更为完整与鲜明，历史的艺术脉络得以延续，亦使园林更具感人的深意。

除了为残存古园的修复提供了一个经典范例外，沈园设计者以深厚的学术研究功力与出色的创作实践能力，还细腻地复现了一座宋代园林的风貌。宋代园林风格与今日所见的诸多园林遗存有着相当大的差异，不仅在于建筑形式，更在于园林总体经营位置，呈现在风格上则远为自然、疏旷。这种风格由于今日中国园林中少有见到，因此有人会生疏难识，一位对日本园林颇为熟悉的学者竟然认为沈园风格来自对日本园林的效仿。殊不知，日本园林在历史上很大程度学自唐宋园林，而当中国园林在晚明发生巨大变革后，早期唐宋园林风格在本土已难以见到，反而在日本有诸多保留。中国园林历史内涵之多样复杂，也在此可见一斑。

第二十八节 宁波天一阁

沿革概况

宁波虽属江南边缘地区，在历史上曾作为重要港口城市，经济繁荣，文化昌盛，造园亦颇繁荣。据《四明谈助》，从宋到清见于记载的园林就有五十多座，但今日所存无几，有山水营造的约仅四五处，如位于今中山广场的衙署园"独秀山"、位于紫金巷的林氏宅园等。然而最完好、最著名的，则是位于月湖之西的天一阁。

天一阁首先是作为藏书楼而闻名，是明兵部右侍郎范钦的藏书处，我国现存传世最久的私家藏书楼。而使天一阁最为名声远播的，则是乾隆帝南巡曾到此地，后所建收藏《四库全书》的文渊、文源、文溯、文津、文宗、文汇和文澜七阁，从建筑到园林，都是参照天一阁设计。

作为藏书楼的天一阁建于明嘉靖四十年至四十五年（1561—1566），建造之初在阁前凿池，名"天一池"，用于防火，也与阁名来源之"天一生水"相呼应；又环植竹木，营造出清幽环境，园林与书楼同步建成。

清康熙四年（1665），范钦曾孙范光文在天一池基础上加以改造增筑，叠山构亭，园林景致基本遗存至今。这种将幽雅藏书与清丽环境相完美结合，不仅成为传统藏书楼营造的典范，也引起乾隆帝的兴趣与重视，为南北七处皇家图书馆所效仿，如从今日杭州孤山的文澜阁园林中就可以明显看到。民国时期的1933年至1936年，范氏后人修葺天一阁，同时在假山水池之西侧增建"兰亭"。从而经过历代修葺扩建，逐步发展完善，形成现在所见的园林格局。

今日的天一阁已得到扩展建设，除藏书文化区外，还另外兴建园林休闲区和陈列展览区。尤其是20世纪80年代建成的东园，中为明池，水面畅朗，聚而不分，池南为陈从周先生设计的假山，峰石嶙峋，连绵延展。此区山水明瑟，林木参天，为天一阁增色不少。此处仅就历史上的书楼前园进行赏析。

格局面貌

现在往往把天一阁园林视为阁前的附属，以小庭园视之；然而从另一个角度看，尽管占地不大、结构简单，阁与其前山水亭榭其实共同组成了一座完整园林：阁为园林的主体建筑，与园中另外两座小亭远近、高下配合，共同成为园林的有机组成部分。至于此园以"阁"为名也并非无先例，历史上颇有一些园林是以园其中主要厅堂或亭阁命名的，如宋代苏舜钦的苏州"沧浪亭"、元末倪瓒的无锡"清閟阁"、明代苏州"醉颖堂"（今艺圃的前身）等。

此园的基本平面格局，有着江南园林中常见的"堂（阁）—平台—水池—假山"序列（图2-28-1）。因用地狭小，更显紧凑。就景象结构而言，也较简单清晰，山水结合形成主要景面，朝向天一阁（图2-28-2）。在阁前临水月台上，可畅观近水远山；尤其是阁下层入门的中央开间前一带，是最佳赏景位置，各方向的假山、小亭、小桥，皆正对于此，是精心设定的环景核心（图2-28-3）。

除阁前平台为主要赏景点外，假山之上、池水之侧各设一亭，分别在主序列方向的左右，形成高低远近不同的视点位置，对主体山水景观进行品赏。东南山上的小方亭，对临水平台，可俯瞰山池，石柱、石桌、石凳，古朴典雅，联语"开径望三益，高谭玩四时"，表明山中可行、可憩之赏（图2-28-4）。山下西侧水畔的"兰亭"，为依墙的八角半亭，壁有范钦好友、明代著名书法家丰坊摹《兰亭序》帖石一方，联引"此地有崇山峻岭茂竹修林"之句点题。此中可观俯瞰游鱼，更可从侧面观赏池山的

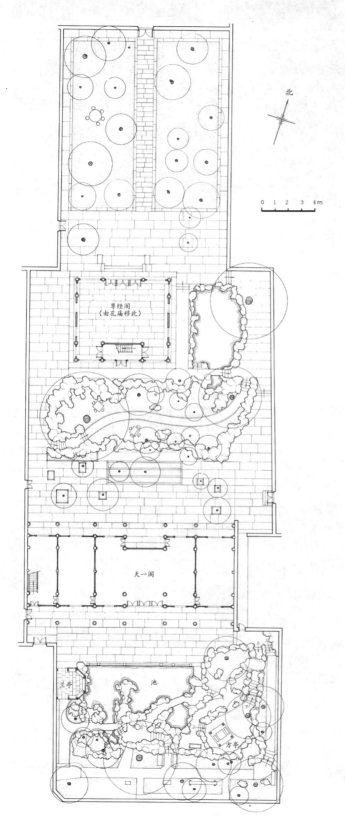

图2-28-1 天一阁平面图

图2-28-2 天一阁前月台临池

图2-28-3 阁前正对山水主景

图2-28-4 在南山上小方亭正对平台中央

图2-28-5 池西"兰亭"侧面观赏池山层次

诸多远近层次景象（图2-28-5）。

天一池为全园景象空间的中心，南部结合假山，呈自然曲折之态；北部则作为阁前平台之缘，呈规则平直之状。这种水池形态表达了景象观赏的方向性，与苏州艺圃等园林有着相似的处理方式，是早期传统造园方法的延续。

园中植物历经岁月，苍古郁蔽，樟、榆、柏等古木苍劲挺拔，尤其是山后一株数百年古樟，浓荫蔽空，生机勃勃。另有薜荔藤萝、红枫茶梅，姿态色彩，各呈其美。山石大多为苔藓、蕨类所盖，更显园林葱郁。

山池主景

与阁隔池相对的石假山是此园主景，有着鲜明的特色。

假山的主体石材并非其他江南园林所常见的湖石或黄石，而是具有鲜明地域特点的宁波近海礁石，蚀孔鳞次，类似湖石的瘦漏生奇，质感上有一种别样的天成之趣，也可作近观品赏。

假山占地不到两百平方米，却布置得非常灵活多变。在形态上，从低到高，距水从近到远，向阁前平台方向呈现出多个层次；与此相结合的是，游线大致布置有水畔、山中、山上、山后多条路径，起伏蜿蜒，盘回曲折，相互连通（图2-28-6）；并在各游线中设置多处大小、高低不一的平台，既形成稍许停留的不同赏点位置，也形成游赏过程中的节奏停顿，山上、水畔的左右各一小亭则是游线上最重要休憩节点与观赏视点。游线与平台还结合了桥梁、山洞的设置，形成"下洞上台"的早期常见布置方式，并且通过山洞的穿越、山间石径行进，有着宽狭、明暗感受变化，产生丰富的体验效果（图2-28-7）。

而在此假山形象上，最大的特色是所谓"九狮一象"的堆叠营造（图2-28-8），多处山峰叠造为有着动态的狮兽等形象，尤其东端大象石，形神具肖。这种以"九狮"等为主题的象形叠石，常见于文献记载，在现存江南园林中也有多处遗留，如苏州狮子林、扬州小盘谷等。此处与

图2-28-6　水面深入山内形成水湾　　　　图2-28-7　山上飞梁石磴及下部山洞

山体结合较好，亦堪称此类假山营造中的典型。然而对这类象形叠石方法的评价，晚明以来多有贬斥其琐碎不堪，远不及模拟真山境界的营造，这一认识影响至今；但实则应视其为另一种从早期延续下来的主要对于峰石中蕴含生机动势的欣赏方式，不宜强加以画意标准来作优劣评判。

　　天一阁园林假山中所存留的早期欣赏与营造，还体现在一些微型的山水景致上。天一池中设一小屿，以一小拱桥与假山主体相连，岛与桥皆只可观而不可登（图2-28-9）。这种微型园林山水营造在唐宋小园中常可见到记载，也可在一些日本园林中见到例子，但在中国现有园林遗存中已不多见。天一阁园林中能有此景非常难得，而且与小园格局非常契合。

总体评价

　　天一阁园林虽然占地不过半亩上下，属于小型的庭院园林，但其价值却绝不可小视。

图2-28-8 主峰堆叠营造

图2-28-9 微型岛屿与拱桥之景

首先是其文化价值，这是难得保存完好的私家藏书楼园林的典型。中国深厚的藏书文化是承载中国士大夫文化的重要组成部分，其物质载体藏书楼从来都是与园林一体的，因而藏书楼园林也可成为极有价值的一种特别的园林类型。然而历史沧桑之后，大多数藏书楼已经不存，即便有的幸存，其附属的园林也难以保全（晚清的湖州南浔嘉业堂藏书楼也与园林共同存留，但园林品质远不及此）。而天一阁作为天下闻名、现存最早的藏书楼，其建筑及园林的整体竟能至今完好存留，实在是极为难得。

其次是其历史价值，这是为数不多的清前期江南私家园林遗存之一。江南地区受清后期太平天国之役的破坏巨大，相比较苏州等地的大多园林为19世纪后期以来的营造，此园基本为清康熙年间的面貌，已属难得；并且，因处于江南边缘地区，此园还保留着今江南核心地区较少见的一些早期做法，如象形叠石、微型山水等，因而历史价值甚高。

最后是其艺术价值，此园虽小，却山水、花木、亭榭、匾联、书石等不一不备、无一不精，各处细节、位置、视域、流线，都作了精致安排，景致多样，体验丰富；作为早期造园方法延续的象形叠石、微型山水，都思虑周密，是此类遗存中极为出色的例子。这一精彩山水小园，在小型庭园中可谓翘楚。

参考文献

[1] 曹林娣著. 园庭信步 中国古典园林文化解读. 北京：中国建筑工业出版社, 2011

[2] 陈从周编. 苏州旧住宅. 上海：上海三联书店, 2003

[3] 陈从周著. 园林谈丛. 上海：上海文化出版社, 1980

[4] 陈从周主编. 中国园林鉴赏辞典. 上海：华东师范大学出版社, 2001

[5] 汉宝德著. 物象与心境：中国的园林. 台北：幼狮文化实业公司, 1990

[6] 江苏省基本建设委员会. 江苏园林名胜. 南京：江苏科学技术出版社, 1982

[7] 李敏编著. 华夏园林意匠. 北京：中国建筑工业出版社, 2008

[8] 刘敦桢著. 苏州古典园林. 北京：中国建筑工业出版社, 1979

[9] 刘庭风著. 中国古园林之旅. 北京：中国建筑工业出版社, 2004

[10] 潘谷西编著. 江南理景艺术. 南京：东南大学出版社, 2001

[11] 阮仪三主编. 江南古典私家园林. 南京：译林出版社, 2009

[12] 邵忠编著. 江南名园录. 北京：中国林业出版社, 2004

[13] 苏旅主编；肖飞, 章晓历撰稿. 幽雅的江南古典园林. 北京：中国旅游出版社, 2005

[14] 苏州园林管理局. 苏州园林. 上海：同济大学出版社, 1991

[15] 童寯著. 江南园林志. 北京：中国建筑工业出版社, 1984

[16] 童寯著. 东南园墅. 北京：中国建筑工业出版社，1997

[17] 魏嘉瓒著. 苏州古典园林史. 上海：上海三联书店, 2005

[18] 吴宇江编. 中国名园导游指南. 北京：中国建筑工业出版社, 1999

[19] 谢孝思主编. 苏州园林品赏录. 上海：上海文艺出版社, 1998

[20] 杨鸿勋著.江南园林论中国古典造园艺术研究.上海：上海人民出版社,1994

[21] 章采烈编著.中国园林特色旅游.北京：对外经济贸易大学出版社,1997

[22] 张家骥著.中国造园艺术史.太原：山西人民出版社,2004

[23] 张家伟编著.江南园林漫步.上海：上海书店出版社,1999

[24] 周维权著.中国古典园林史.北京：清华大学出版社,2008

[25] 朱宇晖著.江南名园指南（上、下）.上海：上海科学技术出版社,2002

后 记

受贾珺教授的邀请来撰写这本《江南私家园林》时,我一方面对自己颇有期望;另一方面也很是忐忑。期望之处,是由于自己在不久前的攻读博士阶段已经通过对明代江南园林的研究(成果已出版为《明代江南园林研究》一书),产生了一些新的园林认识,可以通过新的视野来审视现存的江南园林,获得许多新的见解,从而能形成这本书的特色,在诸多与江南园林相关的出版物中脱颖而出。忐忑之处,则深知要达到这一目标绝非易事,需要大量的精力去重新考察现场、梳理资料,而且大量投入还不一定能保证多少新的成果;另外如何谋划写作也并非易事,如何将复杂历史变迁、丰富园林面貌、中肯解释评价,在非常有限的篇幅中,以简洁、清晰、有序的方式表达出来,能为普通人所理解而少学究气,对尚未有过非论文性书籍写作经验的我来说,实在是一个极大挑战。

而进入到书稿的准备与写作的过程,沉浸于收集资料、体会现场,纠结于琢磨写法、取舍内容,在逐渐有所进展的同时,当初的一些担心却也成了现实,尤其是时间进度的把握超出了控制。一方面,就研究本身而言,范围铺得过开、问题扎得过深,进展自然难以保证;同时,如何删选内容、恰当评论、精练文字,自己的尝试写作总难以满意。另一方面,就研究条件而言,家庭与工作的状况已完全不同于攻读博士阶段,无法保证稳定的专心致志状态。因而无可奈何地造成了推进的迟缓,以致于拖累了整套丛书出版进度,对此我深怀歉意。

为尽快完成书稿,只能调整目标与方法。减少了考察的园林数量,缩小了关注的内容范围,更多在已有研究成果利用的基础上作有重点的探究。因而最后呈现的成果,在广度的涉及、历史的考证、细节的感悟、新意的贯彻等方面，距最初的理想设定还有相当距离。但总的来说，还是能够呈现出一些新特点，尽管不是对每个园林的赏析都有突破性的新见解，但基本都有基于新视角的分析、解释与评价，而对一些已往常被人忽视、而其实颇有价值的一些园林，原创性的认识就更多些。最初设想虽未完美实现，大约也能及格吧。

本书的完成，离不开很多人的帮助。非常感谢贾珺教授奖掖后进的鼓励，能将全套书中分量最重的一本交给一位经验欠缺的年轻人；而在我陷入迟滞与困难之时表达出的宽容，也让我非常感激。此外，要对详细解释绍兴沈园修复过程的朱光亚教授，为常州近园调研与测绘予以协助的顾祖年、张文珺、张勇，参与近园测绘的孙高峰、孙嬿、张玮、刘乙宽、霍思汀，一并表示感谢。

最后，要将此书献给我的妻子与女儿。女儿出生于我刚刚接受本书写作任务之时，本书的酝酿与形成，正同她的初生与成长相伴随；妻子的极大宽容与支持，为本书的完成提供了最坚实的保障。与她们一起游赏园林，是我人生中最幸福的时刻。

图片目录

编号	图名	来源
第二章	**江南私家园林赏析**	
第一节	苏州拙政园	
沿革概况		
图2-1-1	拙政园中、西部平面图	《江南理景艺术》
中部景区		
图2-1-2	"远香堂"北平台临池对景	顾凯摄
图2-1-3	主景山间有溪涧相隔	顾凯摄
图2-1-4	旧时园门内以黄石山障景	顾凯摄
图2-1-5	主堂之南小型山池营造	顾凯摄
图2-1-6	云墙隔出"枇杷园"小院	顾凯摄
图2-1-7	"海棠春坞"小院的花石庭景	顾凯摄
图2-1-8	由"小沧浪"水阁观"小飞虹"廊桥及深远层次	顾凯摄
图2-1-9	作为各方向层次枢纽的"荷风四面亭"	顾凯摄
图2-1-10	由东墙半亭附近西观水景层次及北寺塔借景	顾凯摄
图2-1-11	"别有洞天"门洞东望所见层次	顾凯摄
西部园区		
图2-1-12	"三十六鸳鸯馆"北向隔池对山	顾凯摄
图2-1-13	转角处的"与谁同坐轩"及其后"笠亭"	顾凯摄
图2-1-14	"倒影楼"南水廊	顾凯摄
图2-1-15	"留听阁"前南延水面	顾凯摄
图2-1-16	"宜两亭"借东部园景	顾凯摄
第二节	苏州留园	
沿革概况		
图2-2-1	留园平面图	《江南理景艺术》
山池主景		
图2-2-2	明暗多变的入园前导空间	顾凯摄

311

续表

图2-2-3	池北山亭林木	顾凯摄
图2-2-4	西北山间深远水涧	顾凯摄
图2-2-5	"小蓬莱"岛隔出东北侧水院	顾凯摄
图2-2-6	东南侧建筑变化	顾凯摄
其他景区		
图2-2-7	五峰仙馆前院	顾凯摄
图2-2-8	石林小院一带的丰富空间分隔与渗透	顾凯摄
图2-2-9	冠云峰庭院	顾凯摄
图2-2-10	西部土山之上的中部借景	顾凯摄
图2-2-11	西部山亭小景	顾凯摄
第三节	苏州网师园	
沿革概况		
图2-3-1	网师园平面图	《江南理景艺术》
主池景区		
图2-3-2	"看松读画轩"退于后侧	顾凯摄
图2-3-3	"濯缨水阁"及旁黄石假山	顾凯摄
图2-3-4	池西水畔亭廊	顾凯摄
图2-3-5	池东"射鸭廊"与池畔小山	顾凯摄
图2-3-6	池东南小涧及"引静桥"	顾凯摄
其他园景		
图2-3-7	"小山丛桂轩"及前花木峰石	顾凯摄
图2-3-8	"樵风径"连通南部与主池区	顾凯摄
图2-3-9	"集虚斋"后门洞景观层次	顾凯摄
图2-3-10	"殿春簃"前庭景	顾凯摄
图2-3-11	东部"梯云室"庭景	顾凯摄
第四节	苏州沧浪亭	
沿革概况		
图2-4-1	沧浪亭平面图	《苏州古典园林》
北部主景		
图2-4-2	园周亭廊面水	顾凯摄

续表

	图2-4-3	门内即见山	顾凯摄
	图2-4-4	方亭据于山巅	顾凯摄
	图2-4-5	山阜西南小池	顾凯摄
	图2-4-6	曲廊绕山	顾凯摄
	图2-4-7	廊侧丰富多样的窗、洞形式	顾凯摄
其他园景			
	图2-4-8	明道堂北向有台可观山景	顾凯摄
	图2-4-9	五百名贤祠前仰止亭	顾凯摄
	图2-4-10	竹丛围绕、体验丰富的翠玲珑	顾凯摄
	图2-4-11	看山楼上可远眺借景	顾凯摄
第五节	苏州狮子林		
沿革概况			
	图2-5-1	狮子林平面图	《苏州古典园林》
山池主景			
	图2-5-2	由指柏轩南望山上卧云室	顾凯摄
	图2-5-3	假山北侧轴线上的的方池与曲桥	顾凯摄
	图2-5-4	石峰林立的大假山	顾凯摄
	图2-5-5	池西远观荷花厅与见山楼	顾凯摄
	图2-5-6	北岸密集建筑及前湖心亭与曲桥	顾凯摄
	图2-5-7	北楼南望的水景层次	顾凯摄
	图2-5-8	池西岸假山上的飞瀑	顾凯摄
	图2-5-9	南墙亭廊面对清幽水院	顾凯摄
	图2-5-10	修竹阁旁小赤壁假山拱状跨水	顾凯摄
其他庭景			
	图2-5-11	小方厅后九狮峰	顾凯摄
第六节	苏州环秀山庄		
沿革概况			
	图2-6-1	环秀山庄平面图	《江南理景艺术》
假山主景			
	图2-6-2	主厅之北所对假山全景	顾凯摄

313

续表

图2-6-3	南北向山涧与东西向山谷将全山大体三分		顾凯摄
图2-6-4	南北向山涧及其内山洞、其上石梁		顾凯摄
图2-6-5	东西向山谷而上旁有石室		顾凯摄
图2-6-6	山径由池畔转入谷洞		顾凯摄
图2-6-7	主峰及临水石壁上一松		顾凯摄
其他营造			
图2-6-8	问泉亭所对假山东北余脉岗阜及其上小亭		顾凯摄
图2-6-9	入山小桥处所见山后"补秋山房"与"问泉亭"		顾凯摄
图2-6-10	西北隅潭侧石壁题刻"飞雪"		顾凯摄
图2-6-11	园墙东侧"海棠亭"		顾凯摄
第七节	苏州艺圃		
沿革概况			
图2-7-1	艺圃平面图		《苏州古典园林》
山池主景			
图2-7-2	北侧建筑所望主体山水景象		顾凯摄
图2-7-3	假山石壁下临池小径		顾凯摄
图2-7-4	东侧小桥入山及山上"朝爽亭"		顾凯摄
图2-7-5	假山西侧贴水小桥与石矶		顾凯摄
图2-7-6	水池东岸"乳鱼亭"		顾凯摄
图2-7-7	乳鱼亭隔池西对"响月廊"		顾凯摄
图2-7-8	池北水榭"延光阁"		顾凯摄
其他庭景			
图2-7-9	假山西侧高墙围出"浴鸥"小院		顾凯摄
图2-7-10	门洞内小桥通向"芹庐"小院		顾凯摄
图2-7-11	园内自成一体的山水景象		顾凯摄
第八节	苏州耦园		
沿革概况			
图2-8-1	耦园平面图		《江南理景艺术》
东部园景			
图2-8-2	东园北部主堂前正对黄石假山峰峦之景		顾凯摄

续表

图2-8-3	主池之东所对渊潭石壁之景	顾凯摄
图2-8-4	假山之中"邃谷"之景	顾凯摄
图2-8-5	池南水阁所对山水及曲桥	顾凯摄
图2-8-6	假山上俯瞰主池南侧水阁"山水间"	顾凯摄
图2-8-7	池东亭廊	顾凯摄
图2-8-8	园外环水景象及园中东南角"听橹楼"	顾凯摄
图2-8-9	山水间东南侧的静僻一区	顾凯摄
西园营造		
图2-8-10	织帘老屋前院及湖石假山	顾凯摄
图2-8-11	织帘老屋后院书楼及浇花井	顾凯摄
第九节	苏州怡园	
沿革概况		
图2-9-1	怡园平面图	《苏州古典园林》
山池主景		
图2-9-2	山池主景	顾凯摄
图2-9-3	假山上"小沧浪"亭前石峰及隔池主厅"藕香榭"	顾凯摄
图2-9-4	主池西部"抱绿湾"及跨水叠石拱洞	顾凯摄
图2-9-5	"画舫斋"前小池为园中西北尽端最幽深处	顾凯摄
图2-9-6	"画舫斋"东对山洞之上"螺髻亭"	顾凯摄
图2-9-7	主厅东侧游廊隔池北对"金粟亭"	顾凯摄
图2-9-8	池畔复廊隔出东部空间	顾凯摄
其他园景		
图2-9-9	"拜石轩"前竹石庭景	顾凯摄
图2-9-10	"石听琴室"前峰石庭景	顾凯摄
第十节	苏州曲园	
园景布置		
图2-10-1	曲园平面图	《苏州旧住宅》
图2-10-2	南侧"认春轩"伸出	顾凯摄
图2-10-3	"曲水池"为园景核心	顾凯摄
图2-10-4	方池有台阶可下	顾凯摄

续表

图2-10-5	"曲水亭"突出水面	顾凯摄
图2-10-6	"回峰阁"与南侧小山相连	顾凯摄
图2-10-7	北侧"达斋"与曲水亭以廊相连	顾凯摄

第十一节	吴江退思园	
沿革概况		
图2-11-1	退思园平面图	《江南理景艺术》
园池主景		
图2-11-2	主体池景	顾凯摄
图2-11-3	主堂所对南岸峰景	顾凯摄
图2-11-4	池西南侧"闹红一舸"为景观焦点	顾凯摄
图2-11-5	复道敞廊通"辛台"小阁	顾凯摄
图2-11-6	池东湖石假山隔径石矶形断意连延入池中	顾凯摄
图2-11-7	池东三曲平桥划出幽僻一区	顾凯摄
图2-11-8	面北曲廊西连"揽胜阁"及"水香榭"	顾凯摄
图2-11-9	池西"九曲回廊"漏窗纹饰各异	顾凯摄
其他园景		
图2-11-10	西南"桂花厅"小院门洞对曲廊后湖石	顾凯摄
图2-11-11	水香榭之西的宅内入园过渡庭院	顾凯摄

第十二节	常熟燕园	
沿革概况		
图2-12-1	燕园平面图	东南大学建筑学院提供
主山景区		
图2-12-2	"五芝堂"前黄石假山主景	顾凯摄
图2-12-3	"燕谷"洞口及旁上山磴道	顾凯摄
图2-12-4	洞南步石与峭壁深涧	顾凯摄
图2-12-5	假山东西两部分之间的谷道与石梁	顾凯摄
图2-12-6	"三婵娟室"隔花坛北对山景	顾凯摄
图2-12-7	东侧"赏诗阁"旁对假山	顾凯摄
图2-12-8	"天际归舟"旱舫隔水正对假山东部北麓	顾凯摄
次山景区		

续表

图2-12-9	"三婵娟室"与"梦青莲花庵"成小院一区	顾凯摄
图2-12-10	三婵娟室前隔池湖石假山	顾凯摄
图2-12-11	湖石山侧三曲廊桥	顾凯摄
第十三节	上海豫园	
沿革概况		
图2-13-1	豫园平面图	《江南理景艺术》
西部旧迹		
图2-13-2	大假山	顾凯摄
图2-13-3	仰山堂隔池正对大假山	顾凯摄
图2-13-4	大假山后石壁	顾凯摄
其他园景		
图2-13-5	鱼乐榭前墙分水院	顾凯摄
图2-13-6	点春堂东南石山高阁	顾凯摄
图2-13-7	和煦堂后打唱台	顾凯摄
图2-13-8	九狮轩前池景	顾凯摄
图2-13-9	玉华堂后池景	顾凯摄
图2-13-10	玉玲珑	顾凯摄
图2-13-11	玉华堂前池景	顾凯摄
第十四节	嘉定秋霞圃	
沿革概况		
图2-14-1	秋霞圃平面图	《东南园墅》
主池景区		
图2-14-2	桃花潭西侧东望	顾凯摄
图2-14-3	主堂前隔池湖石假山	顾凯摄
图2-14-4	假山上回望主堂	顾凯摄
图2-14-5	主堂西侧黄石假山石洞上小亭	顾凯摄
图2-14-6	黄石山对岸建筑组合的船舫意味	顾凯摄
图2-14-7	碧光亭在整体中的突出地位	顾凯摄
其他景致		
图2-14-8	湖石山下涉趣桥	顾凯摄

续表

	图2-14-9	池东三曲桥石雕	顾凯摄
	图2-14-10	东部沈氏园小院	顾凯摄
	图2-14-11	主堂东侧枕流漱石轩北向借景	顾凯摄
第十五节	松江醉白池		
沿革概况			
	图2-15-1	醉白池平面图	《东南园墅》
主池景区			
	图2-15-2	主池之景	顾凯摄
	图2-15-3	池东"半山山水半书窗"亭伸于水面	顾凯摄
	图2-15-4	池西亭廊	顾凯摄
	图2-15-5	"池上草堂"跨水而筑	顾凯摄
	图2-15-6	"柱颊山房"前庭花石	顾凯摄
	图2-15-7	池南门洞观北岸	顾凯摄
	图2-15-8	池北巨樟荫蔽	顾凯摄
其他园景			
	图2-15-9	园后部溪流之侧的"乐天轩"	顾凯摄
	图2-15-10	水畔旱船小轩"疑舫"	顾凯摄
	图2-15-11	"雪海堂"前方池	顾凯摄
第十六节	无锡寄畅园		
沿革概况			
	图2-16-1	寄畅园平面图	《江南理景艺术》
山池主景			
	图2-16-2	主景山水	顾凯摄
	图2-16-3	池西林木蓊郁的山麓岗阜	顾凯摄
	图2-16-4	"七星桥"与东北跨水廊桥形成水院	顾凯摄
	图2-16-5	"八音涧"入口	顾凯摄
	图2-16-6	山上"梅亭"隐于一侧	顾凯摄
	图2-16-7	主池东岸亭廊	顾凯摄
	图2-16-8	主堂前远眺锡山龙光塔	顾凯摄
其他园景			

续表

图2-16-9	秉礼堂小院	顾凯摄
图2-16-10	含贞斋前"九狮台"	顾凯摄
图2-16-11	东南角的碑亭、方池、"介如峰"序列	顾凯摄
第十七节	常州近园	
沿革概况		
图2-17-1	近园平面图	东南大学建筑学院提供
北池景区		
图2-17-2	"西野草堂"南向以平台临池	顾凯摄
图2-17-3	主堂正对山池主景	顾凯摄
图2-17-4	西侧"秋水亭"据高处面池	顾凯摄
图2-17-5	岛山西侧溪潭石梁	顾凯摄
图2-17-6	"虚舟"廊正对岛山西麓洞壑	顾凯摄
图2-17-7	主池东北绕以折廊	顾凯摄
南池景区		
图2-17-8	"见一亭"据于岛山南侧	顾凯摄
图2-17-9	西南侧临池"天香阁"与"得月轩"	顾凯摄
图2-17-10	"得月轩"北池畔沿墙曲廊北连入园门屋	顾凯摄
图2-17-11	"容膝居"西南跨涧微型拱桥及旁新建拱桥	顾凯摄
第十八节	杭州郭庄	
格局面貌		
图2-18-1	郭庄平面图	《江南理景艺术》
图2-18-2	"静必居"庭院	顾凯摄
图2-18-3	宅池间过渡空间	顾凯摄
图2-18-4	池南临水为廊	顾凯摄
图2-18-5	池东小亭及其后"景苏阁"	顾凯摄
图2-18-6	池水在东北部向外延伸及池北"两宜轩"	顾凯摄
图2-18-7	"两宜轩"北对开阔池面	顾凯摄
图2-18-8	"一镜天开"方池	顾凯摄
临湖景观		
图2-18-9	临湖假山之巅的"赏心悦目阁"	顾凯摄

续表

	图2-18-10	"乘风邀月轩"直面西湖及葛岭远景	顾凯摄
	图2-18-11	"景苏阁"前门洞外平台正对西湖苏堤	顾凯摄
第十九节		海盐绮园	
沿革概况			
	图2-19-1	绮园平面图	《江南理景艺术》
山水营造			
	图2-19-2	主厅"潭影轩"南临水面	顾凯摄
	图2-19-3	主厅西南曲桥通池南假山	顾凯摄
	图2-19-4	主厅北向有假山为障	顾凯摄
	图2-19-5	池中堤、桥为特色	顾凯摄
	图2-19-6	北部大池向西开敞	顾凯摄
	图2-19-7	邃谷蜿蜒，石梁飞渡	顾凯摄
	图2-19-8	山中幽邃潭岛	顾凯摄
	图2-19-9	厅后假山的丰富山洞	顾凯摄
其他园景			
	图2-19-10	"小隐亭"据于东北主峰高处	顾凯摄
	图2-19-11	堤、桥东侧"滴翠亭"	顾凯摄
第二十节		湖州小莲庄	
沿革概况			
	图2-20-1	小莲庄平面图	《江南理景艺术》
外园景致			
	图2-20-2	池北长堤及其侧小亭	顾凯摄
	图2-20-3	长堤东端入园砖坊	顾凯摄
	图2-20-4	池北小亭遥对南岸主厅"退修小榭"	顾凯摄
	图2-20-5	开阔池面及西岸之景	顾凯摄
	图2-20-6	大池东南亭廊与曲桥	顾凯摄
	图2-20-7	主池东延而成一小水院区	顾凯摄
内园营造			
	图2-20-8	内园中主体湖石假山之景	顾凯摄
	图2-20-9	内园入口及山麓缓坡	顾凯摄

续表

图2-20-10	假山西侧水面及池南方亭	顾凯摄
图2-20-11	内外园水池相通	顾凯摄

第二十一节	南京瞻园	
沿革概况		
图2-21-1	瞻园平面图	《江南理景艺术》
山池主景		
图2-21-2	西区主山之上南望静妙堂及其北平地	顾凯摄
图2-21-3	主堂北望主山之景	顾凯摄
图2-21-4	北山石壁之下有石径、石矶及贴水石梁	顾凯摄
图2-21-5	北山水畔西望岁寒亭	顾凯摄
图2-21-6	西侧山麓景象及其上扇面亭	顾凯摄
图2-21-7	溪涧连通南北水池	顾凯摄
图2-21-8	南假山之景	顾凯摄
图2-21-9	南向正对假山景象的静妙堂	顾凯摄
东部院落		
图2-21-10	静妙堂东侧的南北向曲廊	顾凯摄
图2-21-11	东部水院爬山廊	顾凯摄

第二十二节	扬州个园	
格局面貌		
图2-22-1	个园平面图	《江南理景艺术》
图2-22-2	正厅"宜雨轩"及前丛桂	顾凯摄
图2-22-3	厅北水面及池东"清漪亭"	顾凯摄
图2-22-4	池北"抱山楼"连接两侧大假山	顾凯摄
四季假山		
图2-22-5	入口及"春山"之景	顾凯摄
图2-22-6	北楼西侧"夏山"之景	顾凯摄
图2-22-7	曲桥可入"夏山"之内洞屋	顾凯摄
图2-22-8	东侧"秋山"之景	顾凯摄
图2-22-9	"秋山"中的谷道及石梁	顾凯摄
图2-22-10	透风漏月轩南"冬山"之景	顾凯摄

续表

图2-22-11	由"冬山"处隔窗洞看"春山"	顾凯摄
第二十三节	扬州何园	
寄啸山庄		
图2-23-1	寄啸山庄平面图	《江南理景艺术》
图2-23-2	北侧入口园门	顾凯摄
图2-23-3	东部"静香轩"后山上"月亭"	顾凯摄
图2-23-4	西部水池北部建楼侧视西南山景	顾凯摄
图2-23-5	主池西南的假山主峰	顾凯摄
图2-23-6	池中水心亭正对山景	顾凯摄
图2-23-7	贯通各处的复道回廊	顾凯摄
图2-23-8	"桂花厅"隐于西侧山后	顾凯摄
图2-23-9	自成一区的"赏月楼"庭院	顾凯摄
片石山房		
图2-23-10	"片石山房"假山主体	顾凯摄
图2-23-11	小厅隔池面山	顾凯摄
第二十四节	扬州小盘谷	
沿革概况		
图2-24-1	小盘谷平面图	《江南理景艺术》
格局面貌		
图2-24-2	入园后花厅前院	顾凯摄
图2-24-3	花厅北临水池	顾凯摄
图2-24-4	西侧水阁三面临池	顾凯摄
图2-24-5	曲尺形北楼与池隔以大片平台	顾凯摄
假山营造		
图2-24-6	池东湖石假山峥嵘突起	顾凯摄
图2-24-7	三折小桥引入假山洞府	顾凯摄
图2-24-8	假山洞腹幽曲深广	顾凯摄
图2-24-9	洞外水中步石以通溪谷	顾凯摄
图2-24-10	洞上"风亭"相邻主峰	顾凯摄
图2-24-11	山亭东南游廊而下可通东部	顾凯摄

续表

第二十五节	泰州乔园	
主厅山池		
图2-25-1	乔园平面图	《江南理景艺术》
图2-25-2	堂前假山	顾凯摄
图2-25-3	自假山顶回望山响草堂	顾凯摄
图2-25-4	堂前平地与假山之间的带状溪涧	顾凯摄
图2-25-5	跨池小拱桥	顾凯摄
图2-25-6	假山砖拱隧道	顾凯摄
图2-25-7	假山湖石山洞	顾凯摄
图2-25-8	假山东侧"数鱼亭"	顾凯摄
图2-25-9	假山西侧半亭	顾凯摄
其他园景		
图2-25-10	后院"绠汲堂"左前"松吹阁"	顾凯摄
图2-25-11	乔园入口	顾凯摄
第二十六节	如皋水绘园	
前池旧迹		
图2-26-1	"寒碧堂"前平台相临"洗钵池"之景	顾凯摄
图2-26-2	洗钵池畔"水明楼"	顾凯摄
图2-26-3	水明楼中精巧空间布置	顾凯摄
图2-26-4	水明楼西"雨香庵"小庭	顾凯摄
图2-26-5	洗钵池北折而为"小浯溪"	顾凯摄
后部山池		
图2-26-6	后部"悬霤山"及其上"湘中阁"	顾凯摄
图2-26-7	池北"小三吾"亭外有城墙借景	顾凯摄
图2-26-8	后部广池及亭榭营造	顾凯摄
第二十七节	绍兴沈园	
沿革概况		
图2-27-1	沈园鸟瞰图	东南大学建筑学院提供
古迹遗址		

续表

图2-27-2	宋代双眼井	顾凯摄
图2-27-3	"葫芦池"上西侧双眼井方亭	顾凯摄
图2-27-4	中部水池布置疏朗建筑	顾凯摄
复建经营		
图2-27-5	北侧入口石坊与"断云"石	顾凯摄
图2-27-6	入口之内"诗境"峰	顾凯摄
图2-27-7	作为遗址保护建筑的池南主厅"孤鹤轩"	顾凯摄
图2-27-8	池东"冷翠亭"	顾凯摄
图2-27-9	孤鹤轩之南"钗头凤"碑刻照壁	顾凯摄
第二十八节	宁波天一阁	
格局面貌		
图2-28-1	天一阁平面图	《江南理景艺术》
图2-28-2	天一阁前月台临池	顾凯摄
图2-28-3	阁前正对山水主景	顾凯摄
图2-28-4	东南山上小方亭正对平台中央	顾凯摄
图2-28-5	池西"兰亭"侧面观赏池山层次	顾凯摄
山池主景		
图2-28-6	水面深入山内形成水湾	顾凯摄
图2-28-7	山上飞梁石磴及下部山洞	顾凯摄
图2-28-8	主峰堆叠营造	顾凯摄
图2-28-9	微型岛屿与拱桥之景	顾凯摄